어린이 생물 도서관 7

우리 곁 나무 사전

The Encyclopedia of Korean Common Trees

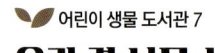 어린이 생물 도서관 7

우리 곁 나무 사전
The Encyclopedia of Korean Common Trees

펴낸날	2022년 4월 5일
지은이	김성환
펴낸이	조영권
만든이	노인향, 백문기
꾸민이	ALL design group
펴낸곳	비글스쿨
주소	서울 마포구 신수로 25-32, 101 (구수동)
전화	02) 701-7345~6 **팩스** 02) 701-7347
홈페이지	www.econature.co.kr
등록	제2007-000217호
ISBN	979-11-6450-047-5 76480

김성환 ⓒ 2022

- 이 책의 일부나 전부를 다른 곳에 쓰려면 반드시 저작권자와 비글스쿨 모두에게 동의를 받아야 합니다.
- 비글스쿨은 자연과학 전문 출판사 자연과생태의 어린이 브랜드입니다.
- 잘못된 책은 책을 산 곳에서 바꾸어 줍니다.

어린이제품 안전특별법에 의한 기타 표시사항

제품명 도서 | **제조자명** 비글스쿨 | **제조국명** 한국 | **전화번호** 02) 701-7345~6 | **제조연월** 2022년 4월
사용연령 6세 이상 | **주소** (04092) 서울 마포구 신수로 25-32, 101 (구수동)
주의사항: 종이에 베이거나 긁히지 않도록 주의하세요. 책 모서리가 날카로우니 던지거나 떨어뜨리지 마세요.

어린이생물도서관 7 김성환 지음

우리 곁 나무 사전

The Encyclopedia of Korean Common Trees

비글스쿨

나무 세계로 초대합니다

나무는 움직이지 못한다는 약점을 극복하며 살아남았어요. 어떤 나무는 수천 년 동안 한자리에 머물며 우리가 역사라고 부르는 시간을 건너 기나긴 생명을 이어 오고 있어요. 오래된 나무 앞에 서면 신성함이 느껴지며, 그래서인지 사람들은 종종 나무를 신처럼 여기며 섬기기도 하지요.

움직이지 못하는 나무가 긴 세월 온갖 역경을 견디며 지금에 이른 힘은 어디에 있을까요? 이 물음에 대한 답을 찾으려면 나무를 낱낱이 살펴봐야겠지요. 그래서 이 책에서는 우리 곁에서 흔히 볼 수 있는 나무를 골라, 나무라는 식물이 지구에서 진화해 온 순서대로 놓고서, 전체 생김새와 한 해 동안 변화를 사진으로 보여 주고 설명을 덧붙였어요. 여기에 나무의 기본 특징과 알아 두면 좋을 정보도 함께 정리해 놓았어요.

사람으로서는 가늠하기 어려운 오랜 세월을 굳건하게 살아 내는 나무를 보면 깨닫는 점이 있어요. 나무는 우리가 살아가는 데에 필요한 수단이 아니라, 우리를 든든하게 지켜 주는 보호막이라는 점이에요. 나무가 있기에 우리도 있어요. 그러니 우리 곁에서 묵묵하게 울타리가 되어 주는 나무를 늘 존중하며 지내도록 해요.

2022년 4월 김성환

일러두기

- 우리 주변에서 볼 수 있는 나무 133종을 소개했어요.
- 학명과 국명은 국가표준식물목록(2021년 기준)을 따랐어요.
- 국명과 더불어 괄호 속에 넣은 이름은 흔히 쓰이는 또 다른 이름(이명)이에요.
- 본문 순서는 대개 국가표준식물목록(2021년 기준)을 따랐으나, 특징이 비슷한 식물을 견주어 볼 수 있도록 순서를 변경한 곳도 일부 있어요.
- 이 책에 나오는 용어는 250쪽에 정리해 두었어요. 똑같은 용어라도 식물에 따라 생김새가 다르기 때문에 다양한 종류 사진을 함께 실었어요. 대부분 나무 사진이지만 풀에서 특징이 더 잘 드러나는 용어는 풀 사진을 싣기도 했어요. 식물 용어가 낯설다면 본문을 읽기 전에 용어 사전을 먼저 살펴보는 것도 좋아요.

CONTENTS

머리말   004

은행나무과
은행나무   008

소나무과
소나무   010
곰솔   012
리기다소나무   014
잣나무   016
스트로브잣나무   018

측백나무과
편백·화백   020
측백나무·서양측백   022
향나무   024
노간주나무   026
메타세쿼이아·낙우송   028

주목과
주목   030

버드나무과
은사시나무   032
갯버들   034
버드나무·수양버들   036

자작나무과
물오리나무   038
물박달나무   040
자작나무   042
개암나무   044

참나무과
밤나무   046
상수리나무   048
굴참나무   050
갈참나무   052
졸참나무   054
떡갈나무   056
신갈나무   058

느릅나무과
느티나무   060

뽕나무과
뽕나무   062
산뽕나무   064

목련과
백합나무(튤립나무)   066
백목련·목련·자목련   068
일본목련   070

녹나무과
생강나무   072

미나리아재비과
사위질빵   074
외대으아리·으아리   076
큰꽃으아리   078

으름덩굴과
으름덩굴   080

작약과
모란 082

차나무과
동백나무 084

버즘나무과
양버즘나무 086

장미과
명자꽃 088
산사나무 090
황매화(죽단화) 092
꽃사과나무 094
사과나무 096
살구나무 098
매실나무 100
복사나무 102
잔털벚나무 104
벚나무 106
왕벚나무 108
앵도나무 110
배나무 112
찔레꽃 114
덩굴장미(장미) 116
해당화 118
산딸기 120
멍석딸기 122
줄딸기 124

모과나무 126
팥배나무 128
조팝나무 130
국수나무 132

콩과
자귀나무 134
족제비싸리 136
골담초 138
박태기나무 140
땅비싸리 142
싸리·참싸리 144
조록싸리 146
칡 148
아까시나무 150
회화나무 152
등 154

운향과
산초나무 156

옻나무과
붉나무 158
개옻나무 160

단풍나무과
단풍나무 162
신나무·중국단풍 164

무환자나무과
모감주나무 166

칠엽수과
칠엽수·가시칠엽수(마로니에) 168

노박덩굴과
노박덩굴 170
화살나무 172
사철나무 174

회양목과
회양목 176

갈매나무과
대추나무 178

포도과
개머루 180
왕머루 182
새머루 184
담쟁이덩굴 186

아욱과
무궁화 188

🌿 보리수나무과
보리수나무	190

🌿 부처꽃과
배롱나무	192

🌿 층층나무과
흰말채나무	194
산딸나무	196
산수유	198

🌿 두릅나무과
두릅나무	200
음나무	202

🌿 진달래과
진달래	204
철쭉	206
산철쭉	208

🌿 감나무과
감나무	210
고욤나무	212

🌿 때죽나무과
때죽나무	214

쪽동백나무	216

🌿 물푸레나무과
이팝나무	218
개나리	220
쥐똥나무	222
서양수수꽃다리(라일락)	224

🌿 마편초과
작살나무·좀작살나무	226
누리장나무	228
순비기나무	230

🌿 가지과
구기자나무	232

🌿 현삼과
참오동나무	234

🌿 능소화과
능소화·미국능소화	236

🌿 인동과
인동덩굴	238
백당나무	240
붉은병꽃나무	242

병꽃나무	244

🌿 백합과
청미래덩굴	246
청가시덩굴	248

용어사전	250
찾아보기	266

은행나무 *Ginkgo biloba* L.

은행나무과

- 자라는 모양 ▶ 갈잎, 바늘잎, 큰키나무
- 잎이 나는 모양 ▶ 홑잎, 모여나기, 어긋나기
- 생식 기관 ▶ 암수딴그루

은행나무는 잎이 넓은잎나무(활엽수) 잎처럼 생겼지만 겉씨식물에 속하고, 넓은잎나무 잎과는 여러 가지로 특징이 다르기 때문에 바늘잎나무로 분류한다. 수명이 길어 천연기념물로 지정된 고목들이 있다. 국명에 들어가는 '행(杏)'자는 살구를 뜻하는 한자어이며, 씨앗이 살구나무 열매를 닮았다는 데에서 유래한 것으로 알려진다.

줄기에 짧은가지가 자라며, 짧은가지에는 잎이 떨어진 자국이 촘촘하다.

포자이삭은 수그루 짧은가지 끝에 달린다.

잎은 부채꼴이며, 잎맥이 모두 두 갈래씩 갈라진다.

밑씨는 암그루 짧은가지 끝 자루마다 2개씩 달린다.

씨앗은 1~2개씩 달리며, 노랗게 익는다. 바깥씨껍질은 열매살처럼 말랑말랑하고, 안쪽씨껍질은 딱딱하다. 바깥씨껍질에는 은행산(ginkgoic acid)과 빌로볼(bilobol)이라는 성분이 들어 있어 냄새가 난다.

소나무

Pinus densiflora Siebold & Zucc.

소나무과

자라는 모양 ▶ 늘푸른잎, 바늘잎, 큰키나무
잎이 나는 모양 ▶ 홑잎, 묶음나기
생식 기관 ▶ 암수한그루

소나무는 주로 내륙에서 많이 자라므로 육송(陸松)이라고도 하며, 곰솔과 달리 나무껍질이 붉은색이어서 적송(赤松)이라고도 부른다. 그늘에서는 잘 자라지 못해 큰 소나무 숲에는 어린 소나무가 거의 없다.

겨울눈 비늘은 적갈색이며, 잎은 2개씩 한 묶음으로 난다.

밑씨솔방울은 새 가지 맨 위에 달리며, 1년 이상이 지나야 솔방울로 자란다.

꽃가루솔방울은 새 가지 아래쪽에 달리며, 꽃가루솔방울이 떨어진 자리에는 잎이 없다.

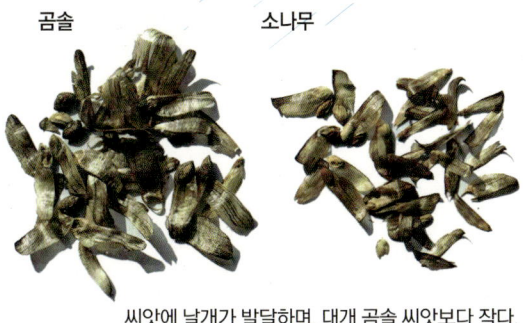

곰솔   소나무

씨앗에 날개가 발달하며, 대개 곰솔 씨앗보다 작다.

새 가지는 지난해 가지 끝에서 여러 개가 모여난다.

솔방울은 달걀 모양이며, 지난해 가지 끝 근처에서 자란다.

곰솔 *Pinus thunbergii* Parl.

소나무과

자라는 모양 ▶ 늘푸른잎, 바늘잎, 큰키나무
잎이 나는 모양 ▶ 홑잎, 묶음나기
생식 기관 ▶ 암수한그루

곰솔은 주로 섬이나 바닷가에서 자라므로 해송(海松)이라고도 하며, 바닷가에 방풍림*으로 많이 심는다. 또한 소나무와 달리 나무껍질이 흑회색이어서 흑송(黑松)이라고도 부르며, 소나무보다 잎이 훨씬 단단해 찔리면 매우 따갑기 때문에 조심해야 한다.

*방풍림(防風林): 거센 바람 때문에 생기는 피해를 막고자 바닷가 등에 가꾸는 숲

겨울눈 비늘은 흰색이다.

잎은 2개씩 한 묶음으로 난다.

밑씨솔방울은 새 가지 맨 위에 달리며, 1년 이상이 지나야 솔방울로 자란다.

꽃가루솔방울은 새 가지 아래쪽에 달리며, 꽃가루솔방울이 떨어진 자리에는 잎이 없다.

솔방울은 달걀 모양이며, 지난해 가지 끝 근처에서 자란다.

씨앗에 날개가 발달한다.

소나무과

리기다소나무
Pinus rigida Mill.

자라는 모양 ▶ 늘푸른잎, 바늘잎, 큰키나무
잎이 나는 모양 ▶ 홑잎, 묶음나기
생식 기관 ▶ 암수한그루

원산지는 북미 지역이며, 우리나라에는 1900년대 초 일본을 거쳐 들어온 것으로 알려진다. 전국 산지에 심겨 있어서 웬만큼 작은 산에서는 어김없이 보일 정도로 흔하다. 영어 이름은 피치파인(Pitch Pine)으로, 송진이 많이 나오는 소나무를 뜻한다. 종소명(*rigida*)은 라틴어로 '딱딱하다'는 뜻이며, 목재의 단단함에서 비롯한 말로 보인다.

껍질은 암회색이며, 몸통줄기에 짧은가지가 많아 잎이 줄기에 바로 붙은 것처럼 보인다.

잎은 3개씩 한 묶음으로 난다.

꽃가루솔방울은 새 가지 아래쪽에 모여 달린다.

겨울눈 비늘은 적갈색이다.

솔방울은 달걀 모양이며, 솔방울조각 끝에 압정처럼 생긴 뾰족한 돌기가 있다.

015

잣나무

Pinus koraiensis Siebold & Zucc.

소나무과

- 자라는 모양 ▶ 늘푸른잎, 바늘잎, 큰키나무
- 잎이 나는 모양 ▶ 홑잎, 묶음나기
- 생식 기관 ▶ 암수한그루

자생하는 개체는 높은 산지에 많으며, 잣나무 씨앗인 '잣'을 얻고자 조림하는 곳도 많다. 씨앗(잣)은 다람쥐나 청설모 등이 즐겨 먹어서 잣나무 숲에는 다람쥐나 청설모가 많다. 잣나무를 비롯한 겉씨식물은 속씨식물처럼 씨방이 자라 생기는 열매가 달리지 않고, 꽃싸개가 켜켜이 쌓인 조각으로 이루어진 솔방울이 달린다. 그래서 씨앗도 솔방울 속이 아니라 바깥으로 드러난다. 잣나무는 20년 이상 자라야 솔방울이 달린다고 알려진다. 잣나무 같은 여러해살이 식물은 일정 기간 몸집을 불리는 데에 대부분 에너지를 쓰기에 솔방울이 달리기까지는 꽤 오랜 시간이 걸리기도 한다.

껍질은 비늘처럼 벗겨진다.

잎은 5개씩 한 묶음으로 난다.

꽃가루솔방울은 새 가지 아래쪽에 모여 달린다.

솔방울은 지난해 가지 끝 쪽에 모여난다.

솔방울은 달걀 모양이다.

씨앗은 각진 달걀 모양으로 날개가 없으며, 솔방울조각마다 2개씩 들어 있다.

스트로브잣나무 *Pinus strobus* L.

소나무과

자라는 모양 ▶ 늘푸른잎, 바늘잎, 큰키나무
잎이 나는 모양 ▶ 홑잎, 묶음나기
생식 기관 ▶ 암수한그루

조경수로 많이 심어 주변에서 흔히 볼 수 있다. 잣나무와 비슷하지만 잣나무보다 나무껍질이 매끈하고 잎이 부드러우며, 솔방울이 훨씬 가늘고 길쭉해 구별된다.

잎은 5개씩 한 묶음으로 난다.

꽃가루솔방울은 새 가지 아래쪽에 모여 달린다.

밑씨솔방울은 새 가지 맨 위에 달리며, 1년 이상이 지나야 솔방울로 자란다.

씨앗은 약간 납작한 달걀 모양이며, 날개가 있다.

솔방울은 길쭉하고 아래로 늘어진다.

측백나무과

편백·화백

Chamaecyparis obtusa (Siebold & Zucc.) Endl.
Chamaecyparis pisifera (Siebold & Zucc.) Endl.

편백

- **자라는 모양** ▶ 늘푸른잎, 바늘잎, 큰키나무
- **잎이 나는 모양** ▶ 홑잎, 마주나기
- **생식 기관** ▶ 암수한그루

편백과 화백은 일본에서 들여와 주로 중부 이남 지역에 심었기 때문에 남부 지방으로 갈수록 많이 보인다. 편백은 피톤치드를 많이 함유하고 있으며, 내수성이 강하다. 또한 목재 표면이 매끄럽고 향이 좋아 원목 그대로 쓸 수 있다는 장점이 있어 건축재, 가구재, 내장재로 흔히 쓰인다. 온천이나 목욕 시설에서 볼 수 있는 '히노키탕'에서 히노키(ひのき)는 편백의 일본말이다.

화백

껍질은 세로로 길게 벗겨지듯 갈라진다.

잎은 비늘 모양이며, 서로 포개지면서 마주 안아 가지 전체가 납작한 손 같아 보인다.
편백은 잎 뒷면에 잎이 포개지는 곳을 따라 Y자 모양으로 숨구멍줄이 나타나고, 화백은 X자 또는 나비 모양으로 숨구멍줄이 나타난다.
편백

화백

꽃가루솔방울은 가지 끝에 달리며, 붉은색을 띤다.

솔방울은 공 모양이며, 편백나무 솔방울조각은 8~10개, 화백 솔방울조각은 10~12개이다.

측백나무·서양측백

Platycladus orientalis (L.) Franco · *Thuja occidentalis* L.

측백나무과

측백나무

자라는 모양 ▶ 늘푸른잎, 바늘잎, 큰키나무
잎이 나는 모양 ▶ 홑잎, 마주나기
생식 기관 ▶ 암수한그루

우리나라에서 측백나무는 자생 범위가 좁아 자생지 대부분이 천연기념물로 지정되었다. 주로 암벽에서 자라기 때문에 키가 4~5m로만 자란다. 참고로 암석 지대가 아닌 곳에서는 대개 20m 이상 자란다. 서양측백은 공원수나 정원수로 많이 심는다. 측백나무와 서양측백은 편백, 화백과 생김새가 비슷하지만 이 둘과 달리 잎 뒷면에 흰색 숨구멍줄이 보이지 않는다.

서양측백

측백나무. 잎은 바늘 모양이며, 서로 포개지면서 마주 안아 가지 전체가 납작한 손 같아 보인다.

측백나무. 꽃가루솔방울은 가지 끝에 달린다.

측백나무. 밑씨솔방울은 연한 갈색이며, 6~12개 조각으로 이루어진다.

측백나무

측백나무

측백나무 솔방울조각에는 갈고리 모양 돌기가 있지만 서양측백에는 없다.

씨앗은 솔방울조각마다 1~2개씩 들어 있으며, 서양측백 씨앗에는 넓은 날개가 있다.

향나무 *Juniperus chinensis L.*

측백나무과

- **자라는 모양** ▶ 늘푸른잎, 바늘잎, 큰키나무
- **잎이 나는 모양** ▶ 홑잎, 마주나기 또는 돌려나기
- **생식 기관** ▶ 암수딴그루

주요 자생지는 울릉도 암석 지역이며, 그 부근과 전국 일부 지역에 천연기념물로 지정된 나무들이 있다. 우리가 주변에서 흔히 보는 향나무는 대부분 조경수로 심은 종이다. 이름에 '향(香)'자가 들어가는 것처럼 향기가 나며, 옛날부터 제사를 지낼 때는 향나무로 만든 '향'을 피웠다.

주로 정원에 많이 심으며, 껍질은 세로로 얇게 벗겨지듯 갈라진다.

잎은 짧은 바늘잎과 부드러운 비늘잎이 섞여 있으며, 바늘잎은 3개씩 돌려나고, 비늘잎은 서로 포개져 달린다. 품종에 따라 비늘잎만 나타나기도 한다.

솔방울은 공 모양이며, 돌기가 있고, 분백색을 띤다.

씨앗은 솔방울 안에 2~3개씩 들어 있으며, 크기와 모양이 다양하다.

노간주나무

축백나무과

Juniperus rigida Siebold & Zucc.

자라는 모양 ▶ 늘푸른잎, 바늘잎,
작은키나무 또는 중간키나무
잎이 나는 모양 ▶ 홑잎, 돌려나기
생식 기관 ▶ 암수딴그루

산지에 흔하며, 주로 키가 작고 촛불 모양이기 때문에 멀리서도 쉽게 알아볼 수 있다. 예외로 강원도 영월 석회암 지대처럼 자생지에서는 키가 크게 자라며, 무리를 이루기도 한다. 다른 측백나무과 식물에 비해 잎이 모두 바늘처럼 뾰족하다.

잎은 3개씩 돌려나며, V자로 홈이 있고, 홈을 따라 흰색 숨구멍줄이 있다.

새순

지난해 잎

꽃가루솔방울은 잎겨드랑이에 줄지어 달린다.

밑씨는 3개이며, 솔방울조각은 자라면서 둥글어진다.

밑씨솔방울

솔방울조각

밑씨

솔방울은 공 모양이고, 검게 익으며, 끝이 세 갈래로 얕게 벌어진다.

측백나무과

메타세쿼이아·낙우송

Metasequoia glyptostroboides Hu & W.C.Cheng
Taxodium distichum (L.) Rich.

메타세쿼이아

자라는 모양 ▶ 갈잎, 바늘잎, 큰키나무
잎이 나는 모양 ▶ 홑잎, 마주나기(메타세쿼이아), 어긋나기(낙우송)
생식 기관 ▶ 암수한그루

전국 각지에서 조경수로 많이 심으며, 메타세쿼이아는 중부 지방에서 더욱 흔히 볼 수 있다. 나무가 곧게 자라 반듯하다. 잎이 질 때는 가지 부분이 함께 깃털처럼 떨어지는 경우가 많아 깃꼴겹잎으로 착각하기 쉽다. 낙우송(落羽松)이라는 이름도 잎이 깃털처럼 떨어지는 소나무라는 뜻이다. 메타세쿼이아는 화석으로만 전해지던 식물이었는데 1940년 전후에 중국에서 살아 있는 식물이 발견되었다.

낙우송

메타세쿼이아. 줄기는 곧게 자라며, 껍질은 세로로 얇게 벗겨진다.

메타세쿼이아

낙우송

메타세쿼이아. 꽃가루솔방울은 가지에 촘촘히 달려 전체가 길게 늘어지는 꽃차례 같다.

메타세쿼이아. 씨앗에 넓은 날개가 있다.

메타세쿼이아. 솔방울은 공 모양이며, 짧은가지 끝에 1개씩 달린다.

낙우송은 주로 습한 곳에서 자라며, 밑동에서 공기뿌리가 솟아오른다.

꽃가루솔방울

솔방울

주목

Taxus cuspidata Siebold & Zucc.

주목과

잎은 길쭉하고, 끝이 바늘처럼 뾰족하다.

꽃가루솔방울은 수그루의 지난해 가지 잎겨드랑이에 달린다.

자라는 모양 ▶ 늘푸른잎, 바늘잎, 큰키나무
잎이 나는 모양 ▶ 홑잎, 어긋나기
생식 기관 ▶ 암수딴그루

우리 주변에서 흔히 볼 수 있는 주목은 모두 자생종*이 아니라 식재종*이다. 자생지는 대부분 고산의 정상 근처이며, 은행나무처럼 수명이 길다. 국명에 들어가는 '주(朱)'자는 붉은색을 뜻하는 한자어이며, 나무껍질과 심재*가 적갈색인 데에서 유래했다. 유명한 항암제인 택솔(taxol)의 이름은 주목에서 추출한 성분(taxin), 주목의 속명(*Taxus*)에서 비롯했다.

*자생종(自生種): 자연에서 저절로 나서 자라는 종
*식재종(植栽種): 사람이 키우고 가꾸는 종
*심재(心材): 나무줄기 중심에 있는 단단한 부분

밑씨솔방울은 암그루의 지난해 가지 잎겨드랑이에 달리며, 밑씨는 1개이다. 꽃싸개는 2장씩 엇갈리게 마주나며, 밑씨 아랫부분을 감싼다.

씨앗은 1개씩 달리며, 열매살처럼 생긴 헛씨껍질에 파묻혀 있다.

은사시나무

Populus × tomentiglandulosa T.B.Lee

버드나무과

자라는 모양 ▶ 갈잎, 넓은잎, 큰키나무
잎이 나는 모양 ▶ 홑잎, 어긋나기
생식 기관 ▶ 암수딴그루

학명*에 '×'자가 있으면 교잡종이라는 뜻이다. 은사시나무는 은백양과 사시나무의 교잡종으로, 주변에서 흔히 보이는 종류는 대부분 개량한 품종이다. 사시나무 종류를 대개 '포플러'라고 부르며, 이는 속명(*Populus*)에서 비롯했다. 열매가 자라면 열매 안쪽 벽에 붙어 있던 긴 털이 솜사탕처럼 부푼다. 그래서 봄철에 은사시나무 주변에서는 씨앗 달린 털 뭉치가 공중에 떠다니는 것을 흔히 볼 수 있다.

*학명(學名): 전 세계 학계에서 공통으로 쓰는 생물 이름. 속명과 종소명으로 이루어지며, 지금은 아무 나라에서도 쓰지 않아 바뀔 일이 없는 언어인 라틴어로 표기한다.

껍질은 회백색이며, 껍질눈은 마름모꼴이다.

꽃은 잎이 나기 전에 핀다.

잎은 갈라지지 않으며, 가장자리에 얕고 불규칙한 톱니가 있다. 뒷면에 흰색 털이 촘촘히 나 있어 하얗게 보인다. 잎(잎몸)과 잎자루가 만나는 지점에 샘점이 있다.

샘점

열매는 이삭으로 촘촘히 달린다.

솜처럼 보이는 것은 밑씨에 붙어 있던 털이 자란 것이다.

갯버들

Salix gracilistyla Miq.

버드나무과

잎은 길쭉하고 갈라지지 않으며, 끝이 뾰족하다. 잎 가장자리에 자잘한 톱니가 있으며, 뒷면에는 회백색 털이 촘촘하다.

꽃은 이른 봄에 잎보다 먼저 피며, 이삭으로 달리고, 털이 많다.

자라는 모양 ▶ 갈잎, 넓은잎, 작은키나무
잎이 나는 모양 ▶ 홑잎, 어긋나기
생식 기관 ▶ 암수딴그루

이름에 '갯'자가 들어가는 식물은 대개 바닷가나 물가에 산다. 갯버들은 주로 하천 상류에서 많이 자라며, 밑에서 줄기가 여러 개 올라온다. 수변을 가꾸는 용도로 흔히 심기도 한다. 이른 봄에 꽃이 먼저 피는 개나리, 진달래, 벚나무 종류보다도 일찍 꽃이 핀다. 갯버들을 비롯해 버드나무류 꽃이삭을 '버들강아지'라고 부르기도 한다.

수술은 2개가 붙어 있어 하나처럼 보인다.
꽃싸개잎은 끝이 검고, 전체에 흰색 긴 털이 촘촘하다.

- 수술(수술대)
- 수술(꽃밥)
- 꽃싸개잎

열매는 이삭으로 촘촘히 달리며, 털이 많다.

버드나무·수양버들

버드나무과

Salix pierotii Miq. · *Salix babylonica* L.

버드나무

- 자라는 모양 ▶ 갈잎, 넓은잎, 큰키나무
- 잎이 나는 모양 ▶ 홑잎, 어긋나기
- 생식 기관 ▶ 암수딴그루

두 종류 모두 주로 강가나 냇가에서 자라며, 버드나무는 고수부지 등에서 무리 지어 자라는 일이 많다. 수양버들은 가지가 땅 근처까지 길게 늘어지기 때문에 가지가 늘어지지 않는 버드나무와 구별된다. 간혹 가지가 길게 늘어지면서 구불구불한 버드나무 종류도 보이는데, 이는 용버들이다.

수양버들

잎은 길쭉하고 갈라지지 않으며, 끝이 뾰족하다.
잎 가장자리에 자잘한 톱니가 많으며, 뒷면은 분백색이다.
버드나무보다 수양버들 잎이 더 길다.

꽃은 잎이 나오면서 같이 피며, 이삭으로 달린다.
수술은 2개이다.

열매는 이삭으로 촘촘히 달린다.

물오리나무

자작나무과

Alnus incana (L.) Moench subsp. *hirsuta* (Turcz. ex Spach) Á.Löve & D.Löve

자라는 모양 ▶ 갈잎, 넓은잎, 큰키나무
잎이 나는 모양 ▶ 홑잎, 어긋나기
생식 기관 ▶ 암수한그루

빨리 자라고 척박한 땅에서 잘 자라기 때문에 사방조림*용으로 많이 심는다. 이름에 '물'이 들어가지만 실제로는 산지에 흔하며, 계곡뿐만 아니라 건조한 비탈에서도 쉽게 볼 수 있다. 산오리나무라고도 한다.

*사방조림(砂防造林): 황폐한 산지에 나무를 심어 숲을 새로이 가꾸는 일

껍질은 갈라지지 않는다.

겨울눈에 굵은 자루가 있다.

잎은 둥글며, 가장자리에 겹톱니가 있고, 곁잎맥은 6~9쌍이다.

꽃은 이른 봄 잎이 나오기 전에 피며, 수꽃이삭은 아래로 길게 늘어진다. 암꽃이삭은 붉은색이며, 수꽃이삭 뒤쪽에 달린다.

암꽃이삭

수꽃이삭

열매이삭은 꽃싸개가 두꺼워져 켜켜이 쌓인 것이며, 안쪽에 날개열매가 들어 있다.

물박달나무

Betula davurica Pall.

자작나무과

- **자라는 모양** ▶ 갈잎, 넓은잎, 큰키나무
- **잎이 나는 모양** ▶ 홑잎, 어긋나기
- **생식 기관** ▶ 암수한그루

산지 숲속에서 띄엄띄엄 자란다. 줄기 전체가 가늘며 불규칙한 조각으로 켜켜이 싸여 있어 특히나 화재에 취약하다.

껍질은 얇은 조각으로 불규칙하게 벗겨진다.

끝가지는 적갈색이며, 껍질눈은 흰색으로 도드라진다.

잎은 긴가지에서는 어긋나지만 짧은가지에서는 2개씩 달린다. 잎 끝이 뾰족하고 가장자리에 불규칙한 겹톱니가 있다.

열매는 켜켜이 쌓여 이삭으로 익으며 아래로 길게 늘어지고, 날개가 있다.

암꽃이삭

수꽃이삭

꽃은 잎이 나면서 같이 피며, 수꽃이삭은 아래로 길게 늘어진다. 암꽃이삭은 붉은색이며, 하늘을 향하고, 수꽃이삭 뒤쪽에 달린다.

자작나무

Betula pendula Roth

자작나무과

자라는 모양 ▶ 갈잎, 넓은잎, 큰키나무
잎이 나는 모양 ▶ 홑잎, 어긋나기
생식 기관 ▶ 암수한그루

추운 곳에서 자라기 때문에 우리나라에서는 강원도 이북 정도에서만 자생한다. 산지나 공원, 길가에서 보이는 종류는 대부분 식재종이다. 목재가 단단하고 치밀해 조각재로 많이 쓰인다. 옛날에는 목판 재료이기도 했고, 나무껍질에 기름 성분이 많아 불을 밝히는 데에도 썼다는 기록이 있다.

잎은 짧은가지에서는 2개씩 달리며, 잎 끝이 길게 뾰족하고 가장자리에 불규칙한 겹톱니가 있다.

껍질은 흰색이고 가로로 얇게 벗겨진다. 끝가지는 진한 갈색이며, 흰색 껍질눈이 도드라진다.

꽃은 잎이 나면서 같이 피며, 수꽃이삭은 아래로 길게 늘어진다.

열매는 켜켜이 쌓여 이삭으로 익으며 아래로 길게 늘어지고, 날개가 있다.

자작나무과

개암나무
Corylus heterophylla Fisch. ex Trautv.

자라는 모양 ▶ 갈잎, 넓은잎, 작은키나무
잎이 나는 모양 ▶ 홑잎, 어긋나기
생식 기관 ▶ 암수한그루

자작나무과 식물은 바람을 타고 꽃가루받이한다. 그래서 다른 나무에서는 잎도 돋기 전인 이른 봄에 꽃이 피며(암수딴꽃), 꽃잎과 꽃받침이 없는 대신에 꽃싸개가 발달한다. 암꽃은 꽃싸개가 모여 대개 솔방울 같은 모양을 이루며, 꽃싸개 사이사이에서 열매가 생긴다. 수꽃은 바람이 살짝만 불어도 쉽게 꽃가루가 날릴 수 있도록 아래로 길게 늘어지는 이삭 모양이다.

암꽃은 몇 개씩 모여난다.
암술은 암술대만 겨울눈 밖으로 나오며, 붉은색 실 모양이다.

잎은 갈라지지 않으며, 가장자리에 불규칙한 겹톱니가 있다. 잎 끝은 편평한데 가운데만 꼬리처럼 길게 튀어나왔다. 어린잎에는 검은 반점이 있다.

꽃은 이른 봄에 잎이 나오기 전에 피며, 수꽃이삭은 아래로 길게 늘어진다.

끝가지에 샘털이 많다.
껍질눈은 세로로 길쭉하며, 밝은 갈색이다.

지난해 가지 / 끝가지와 지난해 가지 경계 / 끝가지 / 껍질눈

꽃싸개는 열매를 감싸며, 끝이 불규칙하게 갈라진다.

열매는 공처럼 생겼으며, 껍질이 딱딱하다.

참나무과

밤나무
Castanea crenata Siebold & Zucc.

새순이 돋을 때 새 가지 밑동이 혹처럼 부풀어 오르기도 한다. 이것을 벌레혹이라 부르며, 밤나무 혹벌 때문에 생긴다고 알려진다.

잎은 길쭉하며, 잎자루가 길고 가장자리에 바늘 끝처럼 뾰족한 톱니가 있다.

자라는 모양 ▶ 갈잎, 넓은잎, 큰키나무
잎이 나는 모양 ▶ 홑잎, 어긋나기
생식 기관 ▶ 암수한그루

밤나무와 도토리나무는 같은 참나무과 종류이지만 속(屬, genus)이 다르다. 참나무속(*Quercus*) 나무 열매인 도토리와 달리 밤은 깍정이가 열매를 완전히 둘러싸고 깍정이 비늘조각이 촘촘한 가시로 바뀐다.

껍질은 오래되면 세로로 깊게 갈라진다.

꽃은 잎이 난 뒤에 피며, 수꽃이삭은 주로 위쪽을 향한다.

암꽃은 수꽃이삭 아래쪽에 달리며, 큰꽃싸개에 폭 싸여 있다.
암술대는 흰색이고, 큰꽃싸개 밖으로 나오며, 가늘고 길다.

큰꽃싸개는 나중에 깍정이로 변하며, 큰꽃싸개 비늘조각은 바늘처럼 단단해져 밤송이 가시가 된다.
깍정이는 열매를 완전히 감싸고 있다가 크게 네 갈래로 벌어진다.
열매(밤)는 새 가지에 달리며, 깍정이 안에 굳은껍질열매 2~3개가 생기고, 끝에 뾰족하게 암술대 흔적이 남는다.

암술대 흔적

깍정이

깍정이 비늘조각

상수리나무

참나무과

Quercus acutissima Carruth.

자라는 모양 ▶ 갈잎, 넓은잎, 큰키나무
잎이 나는 모양 ▶ 홑잎, 어긋나기
생식 기관 ▶ 암수한그루

주로 낮은 산지에서 무리 지어 자란다. 도토리묵이나 참숯은 대개 상수리나무로 만든다. 굴참나무와 비슷하지만 잎 뒷면에 털이 없고, 열매(도토리)가 공 모양이어서 구별된다.

껍질은 얕게 그물망처럼 갈라진다.

잎은 길쭉하며, 잎자루도 길고 가장자리에 바늘 끝처럼 생긴 톱니가 있다. 잎 뒷면에는 털이 없어 광택이 난다.

꽃은 잎이 나면서 같이 피며, 수꽃이삭은 아래로 길게 늘어진다.

암꽃은 새 가지 잎겨드랑이에 달린다. 열매(도토리)는 1년이 지난 후에 익기 때문에 지난해 가지 끝에 달린다. 굳은껍질열매이고 공 모양이다. 깍정이 비늘조각이 길다.

깍정이 비늘조각

굴참나무

Quercus variabilis Blume

참나무과

자라는 모양 ▶ 갈잎, 넓은잎, 큰키나무
잎이 나는 모양 ▶ 홑잎, 어긋나기
생식 기관 ▶ 암수한그루

주로 낮은 산지에서 무리 지어 자란다. 코르크층*이 발달해 껍질이 두께에 비해 가벼운 것이 특징이다. 옛날 산간 지방 화전민들이 살던 집을 굴피집이라고 부른 것은 집을 지을 때 지붕 재료로 굴참나무 껍질을 많이 썼기 때문이다. 상수리나무와 비슷하지만 잎 뒷면에 털이 촘촘해 희게 보이고 열매(도토리)가 달걀 모양이어서 구별된다.

*코르크층(cork層): 나무 겉껍질 안쪽에 있는 여러 겹으로 이루어진 조직으로, 나무속으로 물이 들어가지 않도록 막아 준다.

껍질에 두꺼운 코르크층이 발달한다.

잎은 길쭉하며, 잎자루가 길고 가장자리에 바늘처럼 뾰족한 톱니가 있다. 잎 뒷면에 우단 같은 회백색 털이 촘촘하다.

암꽃은 새 가지 끝부분 잎겨드랑이에 달리지만, 열매(도토리)는 1년이 지난 후에 익기 때문에 지난해 가지 끝에 달리며, 굳은껍질열매이고 공 모양이다. 깍정이 비늘조각이 길다.

갈참나무

Quercus aliena Blume

참나무과

- 자라는 모양 ▶ 갈잎, 넓은잎, 큰키나무
- 잎이 나는 모양 ▶ 홑잎, 어긋나기
- 생식 기관 ▶ 암수한그루

주로 낮은 산지에서 많이 자란다. 속명(*Quercus*)은 질이 좋은 재목이라는 뜻이다. 생김새는 졸참나무와 비슷하지만 잎이 더 크고 가장자리 톱니가 물결 모양으로 무디다. 신갈나무, 떡갈나무와 달리 잎 밑동이 귓불 모양이 아니며, 잎자루가 길다.

껍질은 세로로 갈라진다.

겨울눈은 주로 가지 끝에 모여난다.

잎은 달걀 모양이며, 잎자루가 길고, 뒷면에 회백색 털이 촘촘하다. 가장자리에 물결 모양 톱니가 있다.

꽃은 잎이 나면서 같이 피며, 수꽃이삭은 아래로 길게 늘어진다.

암꽃은 새 가지 끝부분 잎겨드랑이에 하나 또는 여러 개가 모여난다.

깍정이
깍정이 비늘조각이 작다. 열매(도토리)는 굳은껍질열매이며, 새 가지 끝에 달린다.

졸참나무

Quercus serrata Murray

참나무과

자라는 모양 ▶ 갈잎, 넓은잎, 큰키나무
잎이 나는 모양 ▶ 홑잎, 어긋나기
생식 기관 ▶ 암수한그루

갈참나무와 비슷하지만 잎이 더 작고, 잎자루가 짧으며, 톱니가 날카롭다. 갈참나무와 마찬가지로 잎 밑동이 귓불 모양이 아니다. 참나무 종류 중에서 도토리 크기는 가장 작지만, 키는 크게 자라며, 끝가지가 가늘다.

껍질은 세로로 얕게 갈라진다.

끝가지가 다른 참나무류에 비해 가늘다.

끝가지

잎은 달걀 모양이며, 잎자루가 짧고, 뒷면에 회백색 털이 촘촘하다. 가장자리에 뾰족한 톱니가 있다. 가지 끝에 달리는 잎은 마디사이가 짧아 돌려나는 것처럼 보인다.

꽃은 잎이 나면서 같이 피며, 수꽃이삭은 아래로 길게 늘어진다.

암꽃은 새 가지 잎겨드랑이에 하나 또는 몇 개가 모여난다.

깍정이 비늘조각이 작다. 열매(도토리)는 굳은껍질열매이며, 새 가지 끝에 달린다.

깍정이

참나무과

떡갈나무
Quercus dentata Thunb.

- 자라는 모양 ▶ 갈잎, 넓은잎, 큰키나무
- 잎이 나는 모양 ▶ 홑잎, 어긋나기
- 생식 기관 ▶ 암수한그루

낮은 산지에서 흔히 자란다. 바닷가 산지나 섬 지역에서도 많이 자라지만 내륙에서 자라는 나무보다 키가 작으며, 털은 더 많다. 겨우내 잎이 떨어지지 않고 그대로 달려 있는 일도 많다. 옛날에는 우리나라와 중국, 일본에서 어린 떡갈나무 잎에 떡을 싸서 쪄 먹는 풍습이 있었다고 한다.

껍질은 세로로 거칠게 갈라진다.

끝가지와 겨울눈에 갈색 털이 촘촘하다.

잎은 달걀 모양이며, 잎자루가 매우 짧고 가장자리에 물결 모양 톱니가 있다. 잎 밑동이 귓불 모양이며, 뒷면에 갈색 털이 촘촘하다. 가지 끝에 달리는 잎은 마디사이가 짧아 돌려나는 것처럼 보인다.

꽃은 잎이 나면서 같이 피며, 수꽃이삭은 아래로 길게 늘어진다.

암꽃은 새 가지 끝부분 잎겨드랑이에 여러 개가 모여난다.

깍정이 비늘조각은 진한 갈색으로 길며, 뒤로 젖혀진다. 열매(도토리)는 새 가지 끝에 달리고 굳은껍질열매이며, 다른 참나무류 열매에 비해 깍정이에 많이 파묻힌다.

깍정이 비늘조각

신갈나무

Quercus mongolica Fisch. ex Ledeb.

참나무과

자라는 모양 ▶ 갈잎, 넓은잎, 큰키나무
잎이 나는 모양 ▶ 홑잎, 어긋나기
생식 기관 ▶ 암수한그루

주로 높은 산지에서 많이 자라며, 순군락*을 이루기도 한다. 떡갈나무와 달리 바닷가 산지에서는 드물게 보인다. 잎이 부드럽고 잘 미끄러지지 않아 옛날에는 짚신 바닥이 닳았을 때 임시로 바닥에 깔아 신었다고 한다.

*순군락(純群落): 같은 종류 식물로 이루어진 군락

껍질은 세로로 얕게 갈라진다. 흔히 밑에서 줄기가 3~5개 올라와 자란다.

끝가지는 털이 없어 매끈하다. 겨울눈은 적갈색이고 각이 졌으며, 작은 겨울눈 비늘이 여러 겹으로 포개져 있다. 떡갈나무에 비해 털이 없다.

겨울눈
끝가지

잎은 달걀 모양이며, 잎자루가 매우 짧고, 가장자리에 물결 모양 톱니가 있다. 잎 밑동이 귓불 모양이다. 가지 끝에 달리는 잎은 마디사이가 짧아 돌려나는 것처럼 보인다.

꽃은 잎이 나면서 같이 피며, 수꽃이삭은 아래로 길게 늘어진다.

암꽃은 새 가지 잎겨드랑이에 하나 또는 몇 개가 모여난다.

깍정이 비늘조각이 도드라진다. 열매(도토리)는 굳은껍질열매이며, 새 가지 끝에 달리고, 다른 참나무류 열매에 비해 윗부분이 약간 납작하다.

느티나무

느릅나무과

Zelkova serrata (Thunb.) Makino

자라는 모양 ▶ 갈잎, 넓은잎, 큰키나무
잎이 나는 모양 ▶ 홑잎, 어긋나기
생식 기관 ▶ 암수한그루

예부터 팽나무와 더불어 마을의 정자목*이나 당산목*으로 사랑받아 온 나무다. 천연기념물이나 보호수로 지정, 관리되는 수백 년 묵은 노거수도 곳곳에 많다.

*정자목(亭子木): 사람들에게 정자처럼 쉼터가 되어 주는 나무

*당산목(堂山木): 사람들이 마을의 수호신처럼 섬기는 나무

껍질은 오래되면 비늘조각처럼 떨어져 나가며, 껍질눈은 붉은색이고, 가로로 나 있다.

잎(봄)

잎(여름)

잎은 봄과 여름에 두 번 나온다.

잎 끝은 길게 뾰족하며, 가장자리에 규칙적으로 누운 톱니가 있고, 곁맥이 9~15쌍으로 뚜렷하다.

수꽃

암꽃

수꽃은 주로 새 가지 아래쪽에 달린다. 암꽃은 새 가지 위쪽에 달리고, 암술대가 두 갈래로 깊게 갈라진다.

열매는 약간 납작하고 굽어 있다.

뽕나무과

뽕나무
Morus alba L.

자라는 모양 ▶ 갈잎, 넓은잎, 중간키나무 또는 큰키나무
잎이 나는 모양 ▶ 홑잎, 어긋나기
생식 기관 ▶ 암수딴그루

'뽕'은 뽕나무 잎을 가리키며, 예전부터 누에 먹이로 많이 재배했다. 뽕나무 열매 '오디'는 다양한 먹거리로 활용된다. 쓰임이 많은 나무라 주로 심어서 키우지만, 일부 마을 주변으로 퍼져 자생하기도 한다. 뽕나무는 한자말로 '상(桑)'이며, 항암 효과가 있다고 알려진 상황(桑黃)버섯은 뽕나무에서 자라는 누런 버섯이라는 뜻이다.

껍질은 갈라지지 않으며, 껍질눈은 작지만 일자 모양으로 도드라진다.

껍질눈

잎 끝은 뾰족하며, 가장자리에 뾰족한 톱니가 있고, 산뽕나무와 달리 잎이 거의 갈라지지 않는다.

암꽃은 여러 개가 모여 달린다. 꽃 하나에는 달걀 모양 씨방이 있고 암술대가 거의 없으며, 암술머리가 두 갈래로 깊게 갈라진다.

암술머리
씨방

씨방이 자라서 생긴 열매 하나하나이며, 속에 씨앗이 들어 있다.

열매(오디)는 많은 암술이 모여 통통한 모임열매 하나로 달리며, 붉은색을 거쳐 검게 익는다. 산뽕나무와 달리 모임열매에 암술대가 남지 않는다.

산뽕나무

Morus bombycis Koidz.

뽕나무과

- **자라는 모양** ▶ 갈잎, 넓은잎, 중간키나무 또는 큰키나무
- **잎이 나는 모양** ▶ 홑잎, 어긋나기
- **생식 기관** ▶ 암수딴그루

주로 심어서 키우는 뽕나무와 달리 산뽕나무는 산지에서 자생한다. 속명(*Morus*)은 검은색, 종소명(*bombycis*)은 누에, 명주 등과 관련이 있는 낱말로, 학명은 나무의 색깔과 용도를 바탕으로 했다.

껍질은 갈라지지 않으며, 껍질눈은 작지만 일자 모양으로 도드라진다.

껍질눈

잎 끝은 꼬리처럼 길게 뾰족하며, 가장자리에 뾰족한 톱니가 있고, 뽕나무와 달리 잎이 두세 갈래로 갈라지는 일이 많다.

꽃은 잎과 같이 나며, 수꽃은 여러 개가 짧은 이삭처럼 모여 달린다.

수꽃이삭

암술머리
암술대

암꽃은 여러 개가 모여 달리며, 뽕나무에 비해 암술대가 길고, 암술머리가 두 갈래로 갈라진다.

많은 암술이 모여 통통한 모임열매 하나로 달린다. 모임열매 열매살은 꽃받침이 변한 것이다.

암술대

뽕나무와 달리 모임열매에 암술대가 돌기처럼 남는다.

백합나무(튤립나무)

목련과

Liriodendron tulipifera L.

자라는 모양 ▶ 갈잎, 넓은잎, 큰키나무
잎이 나는 모양 ▶ 홑잎, 어긋나기
생식 기관 ▶ 암수한꽃

학명이 백합(*Liriodendron*)과 튤립(*tulipifera*)을 떠올리게 하는 낱말 조합인 것처럼 생김새도 백합 또는 튤립을 닮았다. 그래서 튤립나무라고도 부르지만 이 책에서는 국가표준식물명에 따라 백합나무를 먼저 썼다.

껍질은 세로로 얕게 갈라진다.

잎은 4~6갈래로 갈라지며 끝부분이 넓은 V자 모양이다.

꽃덮개잎(안쪽)

수술은 많으며, 기둥 아래쪽에 촘촘히 달리고, 수술대는 노란색이다. 암술은 많으며, 기둥 위쪽에 촘촘히 달리고, 암술대는 노란색이다.

꽃덮개잎은 9장이며, 바깥쪽 3장은 꽃받침처럼 생겼고 아래로 처지며, 안쪽 꽃덮개잎은 가운데에 주황색 무늬가 있다.

꽃덮개잎(바깥쪽)

열매는 날개열매이며, 한데 모여 있다가 저마다 펼쳐지면서 컵 모양을 이룬다.

목련과

백목련·목련·자목련*

Magnolia denudata Desr. · *Magnolia kobus* DC. · *Magnolia liliiflora* Desr.

백목련

자라는 모양 ▶ 갈잎, 넓은잎, 큰키나무
잎이 나는 모양 ▶ 홑잎, 어긋나기
생식 기관 ▶ 암수한꽃

백목련이 가장 흔히 보인다. 잎이 나기 전에 꽃이 먼저 핀다. 가지 끝에 꽃이 달리기 때문에 꽃눈 속에 올해 가지로 자라날 눈이 같이 들어 있다. 그래서 목련 가지 끝은 반듯하지 않고 갈라지듯 자란다.

*자목련: 예전에는 꽃덮개잎 겉면만 자주색이면 자주목련, 꽃덮개잎 전체가 자주색이면 자목련으로 구별하기도 했다. 이 책에서는 자주목련을 자목련의 다른 이름(이명, synonym)으로 처리한 것을 따랐다.

백목련. 끝가지는 주로 자주색이고, 흰색 껍질눈이 뚜렷하다. 겨울눈에는 부드러운 회백색 털이 촘촘하다.

겨울눈

껍질눈

백목련. 잎은 갈라지지 않으며, 가장자리에 톱니가 없고, 끝은 뾰족하다.

꽃은 잎보다 먼저 피며, 가지 끝에 큰 꽃이 하나씩 달린다. 목련은 보통 큰 꽃덮개잎이 6장이며 2열로 배열하고 활짝 젖혀진다.

백목련은 보통 큰 꽃덮개잎이 9장이며 3열로 배열하고 하늘을 향한다.

자목련은 백목련과 비슷하지만 꽃덮개잎 겉면 또는 전체가 자주색이다.

일본목련

Magnolia obovata Thunb.

목련과

- **자라는 모양** ▶ 갈잎, 넓은잎, 큰키나무
- **잎이 나는 모양** ▶ 홑잎, 어긋나기
- **생식 기관** ▶ 암수한꽃

다른 목련 종류와 달리 꽃과 잎이 같이 나기 때문에 꽃 피는 시기가 늦다. 목련 종류 중에서 잎이 가장 크다. 주로 공원이나 정원에 심어 가꾸는 종이지만 요즘은 씨앗이 퍼져 나가 도심 인근 산지에서 자라기도 한다.

끝가지는 흔히 자주색이고, 잎이 떨어진 곳에는 타원 모양 자국이 남는다. 잎은 마디사이가 짧아서 가지 끝에 돌려나는 것처럼 보인다.

잎이 나온 뒤에 꽃이 피며, 가지 끝에 큰 꽃이 하나씩 달린다. 꽃덮개잎은 9~12장이며, 바깥쪽 3장은 꽃받침처럼 생겼고 길이가 짧으며 자주색이다. 안쪽 꽃덮개잎은 꽃잎처럼 생겼고, 활짝 펼쳐지며 끝이 안으로 굽는다.

수술은 많으며, 기둥 아래쪽에 나선 모양으로 촘촘히 달리고, 수술대는 붉은색이다. 암술은 많으며, 기둥 위쪽에 촘촘히 달리고, 암술대는 붉은색이다.

많은 열매가 모여 하나의 모임열매를 이루며, 열매는 각각 세로로 벌어진다. 씨앗은 붉은 바깥씨껍질에 싸여 있으며, 실처럼 생긴 것에 매달려 있다.

생강나무

Lindera obtusiloba Blume

녹나무과

껍질은 갈라지지 않는다.

먼저 나온 잎은 갈라지지 않지만 나중에 나온 잎은 끝이 세 갈래로 갈라지고, 그중 가운데 갈래가 가장 크다. 잎 뒷면은 털이 많아 회백색이다.

자라는 모양 ▶ 갈잎, 넓은잎, 중간키나무
잎이 나는 모양 ▶ 홑잎, 어긋나기
생식 기관 ▶ 암수딴그루

꽃이 피는 시점(이른 봄), 꽃 생김새가 산수유와 비슷해서 헷갈리는 일이 많다. 그러나 공원이나 길가 등에 심긴 산수유와 달리 생강나무는 산지에서 띄엄띄엄 자란다. 가지나 잎을 꺾어 비벼 보면 생강과 비슷한 냄새가 난다고 해서 이름에 '생강'이 붙었다.

끝가지는 황록색이다. 꽃은 이른 봄에 잎보다 먼저 피며, 가지에 여러 개씩 모여 달린다.

꽃덮개잎은 6장이며, 수꽃 꽃덮개잎이 조금 더 크다. 수꽃 수술은 두 줄로 달리며, 바깥쪽에 6개, 안쪽에 3개가 있다.

수꽃

암꽃 암술대는 하나이고, 헛수술이 9개 있다.

암꽃

암술대

열매는 붉은색을 거쳐 검게 익으며, 핵(속껍질)은 공 모양이고 갈색이다.

사위질빵

Clematis apiifolia DC.

미나리아재비과

줄기는 덩굴성이다. 잎 하나는 작은 잎 3장으로 이루어지며, 작은 잎은 다시 두세 갈래로 갈라지고 굵은 톱니가 있다.

꽃은 고깔모양꽃차례에 달리며, 꽃덮개잎은 4장이다.

꽃덮개잎

자라는 모양 ▶ 갈잎, 넓은잎, 덩굴나무
잎이 나는 모양 ▶ 삼출겹잎, 마주나기
생식 기관 ▶ 암수한꽃

햇빛이 잘 드는 곳에 넓게 퍼져 자라며, 주변 산지에서 쉽게 볼 수 있다. '질빵'은 짐을 짊어질 때 쓰는 줄을 가리키는데, 사위질빵은 줄기가 약해 잘 끊어지니 국명과 생태가 잘 맞아떨어지지 않는다. 같은 미나리아재비과인 으아리 종류와 비슷하지만 작은 잎 가장자리가 두세 갈래로 갈라지고 굵은 톱니가 있어 구별된다.

수술은 많으며, 수술대가 길다.
암술은 여러 개가 꽃 가운데에 모여난다.

열매는 5~10개씩 달리며, 열매가 익으면 암술대가 깃털처럼 변한다.

외대으아리·으아리

미나리아재비과

Clematis brachyura Maxim. · *Clematis terniflora* DC. var. *mandshurica* (Rupr.) Ohwi

으아리

외대으아리.
외대으아리 줄기는
곧게 서는 편이며,
으아리는 덩굴성이다.

자라는 모양 ▶ 갈잎, 넓은잎, 덩굴나무(반목본)
잎이 나는 모양 ▶ 삼출겹잎 또는 깃꼴겹잎, 마주나기
생식 기관 ▶ 암수한꽃

줄기가 풀과 나무의 중간 성격을 띠어서 해가 지나도 크게 자라지 못하고, 해마다 땅에서 새롭게 올라오는 일이 많다. 으아리와 비슷한 식물로 참으아리가 있다. 참으아리는 주로 바닷가 산지에서 자라고 줄기가 나무여서 구별된다.

외대으아리.

외대으아리. 잎 하나는 주로 작은 잎 3~5장으로 이루어지며, 작은 잎은 갈라지지 않고, 가장자리에 톱니가 없다. 구부러진 잎자루를 덩굴손처럼 써서 다른 물체를 감기도 한다.

외대으아리 꽃은 잎겨드랑이에 1~3개 달리며, 으아리는 고깔모양꽃차례로 달린다. 꽃덮개잎은 4~6장이다.

외대으아리. 수술은 여러 개이며, 꽃밥과 수술대 모두 흰색이다. 암술은 5개쯤이며, 가운데에 모여난다.

큰꽃으아리

Clematis patens C. Morren & Decne.

미나리아재비과

줄기는 덩굴성이다. 잎 하나는 주로 작은 잎 3장 또는 깃꼴로 이루어지며, 작은 잎 하나는 갈라지지 않고 톱니도 없다.

긴 꽃대 끝에 큰 꽃이 하나씩 달린다.

자라는 모양 ▸ 갈잎, 넓은잎, 덩굴나무
잎이 나는 모양 ▸ 삼출겹잎 또는 깃꼴겹잎(간혹 홑잎), 마주나기
생식 기관 ▸ 암수한꽃

국명에서 알 수 있듯이 우리나라에서 자라는 으아리속(*Clematis*) 식물 중에서 꽃이 가장 크다. 참고로 원예종*으로 개량되어 색깔이 다양한 '클레마티스'라는 식물 이름은 으아리속 속명을 그대로 따왔다.

*원예종(園藝種): 주변을 꾸밀 목적으로 키우는 식물로, 다양하게 품종 개량된다.

꽃덮개잎은 7~10장이며, 다른 으아리 종류에 비해 크기가 크다.

수술은 많으며, 바깥에서 안쪽 순으로 자란다.
암술은 많으며, 꽃 가운데에 모여난다.

열매가 익으면 암술대가 길게 늘어지면서 깃털처럼 변한다.

으름덩굴

Akebia quinata (Houtt.) Decne.

으름덩굴과

줄기는 덩굴성이다.

잎은 작은 잎 5~8장으로 이루어지며, 작은 잎은 갈라지지 않고 끝이 오목하게 파인다.

자라는 모양 ▸ 갈잎, 넓은잎, 덩굴나무
잎이 나는 모양 ▸ 손꼴겹잎, 어긋나기
생식 기관 ▸ 암수한그루

속명 아케비아(*Akebia*)는 으름덩굴의 일본명 아케비(あけび)에서 비롯했다. 종소명(*quinata*)은 다섯 잎으로 나뉘었다는 뜻으로, 이는 작은 잎이 갈라지는 모양에서 따온 것으로 보인다. 도심 주변에 있는 낮은 산지에서도 흔히 볼 수 있으며, 열매는 작고 통통한 바나나처럼 생겼다.

긴 꽃줄기 하나가 2개로 갈라지고 각각 수꽃과 암꽃이 달린다. 꽃잎은 없고, 바가지처럼 생긴 꽃받침잎이 3장 있다.

수꽃은 4~8개가 모여난다. 수술은 주로 6개씩 달리며, 모두 안쪽으로 굽어 전체로 보면 공 모양을 이룬다.

암꽃은 1~3개가 모여난다. 원기둥처럼 생긴 암술은 주로 5~6개씩 달리며, 사방으로 펼쳐진다. 암술머리에 끈적끈적한 분비물이 있다.

모란

작약과

Paeonia × *suffruticosa* Andrews

밑동에서 가는 줄기가 여러 개 올라온다.

잎은 작은 잎 3장 또는 9장으로 이루어지며, 작은 잎 하나는 2~5갈래로 갈라진다.

자라는 모양 ▶ 갈잎, 넓은잎, 작은키나무
잎이 나는 모양 ▶ 삼출겹잎 또는 2회삼출겹잎, 어긋나기
생식 기관 ▶ 암수한꽃

'목단'이라고도 하며, 공원이나 정원에 원예종으로 많이 심는다. 나무 크기에 비해 꽃이 매우 크며, 색깔이 다양하다. 흔히 작약과 비교되는데 모란은 나무이고 작약은 풀이다.

가지 끝에 큰 꽃이 하나씩 달리며, 품종에 따라 꽃 색깔이 다르다.

꽃받침잎은 5장이며, 크기가 서로 다르고 가장자리가 불규칙하게 갈라진다.

꽃잎은 5~11장이며, 겹으로 달린다. 수술은 많으며, 암술 주변을 병풍처럼 둘러싼다. 암술은 5개쯤이며, 수술이 시들 때쯤 자라난다. 암술머리는 붉은색이고, 구불구불하며, 씨방은 꽃턱이 자라나서 생긴 껍질이 감싼다.

열매는 5개쯤이며, 익으면 옆으로 펼쳐지고 세로선을 따라 벌어진다.

씨앗은 각진 공 모양으로 검게 익으며, 광택이 난다.

동백나무

차나무과

Camellia japonica L.

자라는 모양 ▶ 늘푸른잎, 넓은잎, 중간키나무 또는 작은키나무
잎이 나는 모양 ▶ 홑잎, 어긋나기
생식 기관 ▶ 암수한꽃

우리나라 대표 늘푸른넓은잎나무로, 겨울에 새빨간 꽃이 핀다는 점이 특징이다. 언뜻 붉은 꽃이 피는 식물은 흔한 듯하지만 원예품종을 제외하고, 야생에서 자라는 식물 가운데에 빨간 꽃이 피는 종은 손에 꼽을 만큼 적다. 꽃가루받이에 가장 도움을 주는 동물인 곤충, 특히 벌 종류에게 붉은색은 매력 있는 색이 아니기 때문이다. 일부 새에게서 꽃가루받이 도움을 받는 식물만이 붉은 꽃을 피우며, 동백나무도 이에 속한다. 동백나무의 꽃가루받이를 도와주는 새는 동박새다.

잎은 갈라지지 않으며, 반짝반짝하고, 가장자리에 자잘한 톱니가 있다.

꽃잎은 5~7장이며, 서로 포개져 활짝 펴지지 않는다. 꽃잎 밑동이 서로 붙어 있어서 꽃이 질 때 통째로 떨어진다.

꽃받침잎

꽃은 가지 끝과 잎겨드랑이에 1~3개씩 달린다. 꽃받침잎은 5~6장이며, 기왓장처럼 포개지고 겉면에 털이 많다.

수술
암술

열매는 두껍고 단단하며, 세 쪽으로 갈라진다.

수술은 많으며, 수술대 밑동이 합쳐져 통을 이룬다.
암술은 암술대가 하나이며, 수술 밖으로 나오고, 끝이 세 갈래로 갈라진다.

씨앗은 방마다 2개씩 들어 있으며, 각이 진다.

양버즘나무

Platanus occidentalis L.

버즘나무과

자라는 모양 ▶ 갈잎, 넓은잎, 큰키나무
잎이 나는 모양 ▶ 홑잎, 어긋나기
생식 기관 ▶ 암수한그루

속명(*Platanus*) 그대로 '플라타너스'라고도 불린다. 국명에 있는 '버즘'은 피부병 중 하나인 '버짐'의 옛말로, 줄기 껍질이 불규칙한 판처럼 떨어져 나가는 모양이 버짐과 닮았다는 데서 비롯한 것으로 보인다.

껍질은 얇은 조각으로 떨어져 줄기에 얼룩무늬가 생긴다.

잎은 3~5갈래로 갈라지며, 잎 가장자리에 굵고 뾰족한 톱니가 있다. 잎자루가 길며, 밑동이 부풀어 겨울눈을 덮고 있기 때문에 잎자루를 떼어 내야 겨울눈을 볼 수 있다.

꽃차례는 공 모양이며 가지에 주로 하나씩 달리고, 암꽃차례와 수꽃차례가 한 그루 안에서 따로 달린다. 암꽃 하나에는 암술이 여러 개 있고, 암술대는 하나이며, 암술머리는 붉은색이다.

길쭉하고 밑동에 털이 달린 작은 열매 하나하나가 모여 공처럼 생긴 모임열매를 이룬다.

장미과

명자꽃

Chaenomeles speciosa (Sweet) Nakai

줄기에 가지가 변한 큰 가시가 있다.

턱잎

잎은 갈라지지 않으며,
가장자리에 자잘한 톱니가 있다.
턱잎은 잎자루 밑동과
가지가 만나는 자리에 한 쌍이 달리며,
가장자리에 톱니가 있다.

자라는 모양 ▶ 갈잎, 넓은잎, 작은키나무
잎이 나는 모양 ▶ 홑잎, 어긋나기
생식 기관 ▶ 수꽃암수한꽃한그루

열매가 모과와 비슷하게 생겼지만 크기는 더 작다. 꽃이 달리는 수에 비해 열매 수가 매우 적다. 수꽃과 암수한꽃이 같은 그루에 달리는데, 수꽃은 개수가 많지만 열매가 생기지 않고, 암꽃 일부에서만 열매가 달리기 때문이다.

꽃은 잎겨드랑이에 여러 개가 모여나며, 색깔은 품종에 따라 다르다. 꽃잎은 5장이며, 끝이 둥글다. 수술은 여러 개이며, 통처럼 생긴 꽃턱 안쪽에 붙는다. 암술은 암술대가 5개이고, 밑동이 하나로 뭉친다.

꽃턱과 씨방이 자라 열매를 이루며, 꽃턱은 열매살이 된다.

꽃받침잎은 5장이며, 자잘한 톱니가 있다.
꽃턱은 통 모양이며, 붉은색이다.

장미과

산사나무

Crataegus pinnatifida Bunge

자라는 모양 ▶ 갈잎, 넓은잎, 중간키나무
잎이 나는 모양 ▶ 홑잎, 어긋나기
생식 기관 ▶ 암수한꽃

열매가 꼭 꽃사과처럼 생겼고, 열매껍질에 점 같은 흰색 껍질눈이 흩어져 있다. 줄기에 있는 큰 가시는 가지가 변해 생긴 것이기 때문에 잘 떨어지지 않는다. 참고로 껍질이나 턱잎 등이 변해 생긴 가시는 대개 잘 떨어진다.

줄기에 가지가 변한 큰 가시가 있다.

잎은 밑동으로 갈수록 더 깊게 갈라지며, 가장자리에 불규칙한 톱니가 있다. 턱잎은 잎자루 밑동과 가지가 만나는 자리에 한 쌍이 달리며, 가장자리에 굵은 톱니가 있다.

턱잎

꽃은 가지 끝에서 수북하니 모여 달린다(고른꽃차례).

꽃잎은 5장이며, 끝이 둥글다. 꽃받침잎은 5장이며, 열매가 익어도 끝까지 남는다. 수술은 20개쯤이며, 통처럼 생긴 꽃턱 입구에서 돌려난다. 암술은 암술대가 3~5개이다.

수술 암술

꽃받침잎

꽃받침잎

꽃턱과 씨방이 자라 열매를 이루며, 꽃턱은 열매살이 된다.

장미과

황매화(죽단화)

Kerria japonica (L.) DC.

줄기는 녹색이고, 무더기로 모여난다.
가지 끝이 말라 죽는 경우가 많다.

잎은 갈라지지 않으며,
가장자리에 불규칙한 겹톱니가 있고,
끝은 길게 뾰족하다.

자라는 모양 ▶ 갈잎, 넓은잎, 작은키나무
잎이 나는 모양 ▶ 홑잎, 어긋나기
생식 기관 ▶ 암수한꽃

자생하는 종은 거의 볼 수 없으며, 주변에서 보이는 것은 대개 식재종이다. 꽃잎이 겹겹인 종류를 죽단화로 따로 구별하기도 한다. 겹꽃 종류가 더 흔하게 보이지만 열매는 보이지 않는다.

꽃은 가지 끝에 하나씩 달린다.

수술은 여러 개이며, 꽃잎보다 짧다. 암술은 암술대가 5~8개이다.

꽃잎은 5장 또는 겹꽃이다. 꽃받침잎은 5장이며, 끝이 뾰족하다.

꽃받침잎

장미과

꽃사과나무

Malus floribunda Siebold ex Van Houtte

자라는 모양 ▶ 갈잎, 넓은잎, 중간키나무
잎이 나는 모양 ▶ 홑잎, 어긋나기
생식 기관 ▶ 암수한꽃

이름 앞에 '꽃'이 들어가는 식물은 대개 꽃이 크거나 소담스럽다. 꽃사과나무도 사과나무에 비해 꽃이 탐스럽고, 열매는 사과보다 작아 앙증맞다. 그래서 식용보다는 관상용으로 많이 심는다.

어린 줄기는 갈색이고 매끈하다.

잎은 짧은가지에서는 몇 개씩 모여나며, 갈라지지 않고, 가장자리에 둔한 톱니가 있다. 어릴 때 잔털이 많다.

꽃은 몇 개씩 모여서 우산모양꽃차례로 달린다.

꽃잎은 5장이며, 끝이 둥글다.

꽃턱 겉에는 털이 촘촘하다. 꽃받침잎은 5장이며, 털이 많다. 수술은 여러 개이며, 수술대가 꽃턱 끝에 붙는다. 암술은 씨방이 꽃턱과 붙으며, 암술대는 5개쯤이고, 밑동이 하나로 뭉친다. 암술대 밑동에 털이 많다.

암술 / 수술 / 받침잎 / 꽃턱 / 씨방

꽃턱과 씨방이 자라 열매를 이룬다. 꽃턱은 열매살이 되고, 끝에 꽃받침잎이 남는다.
꽃받침잎

장미과

사과나무

Malus pumila Mill.

자라는 모양 ▶ 갈잎, 넓은잎, 중간키나무
잎이 나는 모양 ▶ 홑잎, 어긋나기
생식 기관 ▶ 암수한꽃

우리가 먹는 '사과'는 꽃이 붙어 있던 꽃턱이 자라 생긴 열매살을 가리킨다. 사과를 먹을 때 대개 먹지 않고 버리는 가운데 부분은 씨방이며, 그 속에 씨앗이 들어 있다. 사과 껍질을 보면 점 같은 껍질눈이 흩어져 있다. 이는 사과 숨구멍으로 다른 껍질 부분에 비해 무르다.

잎은 갈라지지 않으며, 털이 많고, 가장자리에 둔한 톱니가 있다.

꽃은 가지 끝에 5~7개가 모여난다.

꽃잎은 5장이며, 끝이 둥글다. 수술은 여러 개이며, 수술대가 통처럼 생긴 꽃턱 안쪽에 붙는다. 암술은 암술대가 5개이다.

꽃받침잎은 5장이며, 털이 많다. 꽃턱은 겉에 털이 촘촘하다.

꽃턱과 씨방이 자라 열매(사과)를 이루며, 꽃턱은 열매살이 된다.

장미과

살구나무
Prunus armeniaca L.

- 자라는 모양 ▶ 갈잎, 넓은잎, 중간키나무 또는 큰키나무
- 잎이 나는 모양 ▶ 홑잎, 어긋나기
- 생식 기관 ▶ 암수한꽃

매실나무와 비슷하지만 끝가지 색깔이 적갈색이고 꽃받침잎이 뒤로 젖혀지는 것이 매실나무와 다르다. 서양자두 말린 것을 푸룬(prune)이라고 하며, 이는 살구나무 속명(*Prunus*)과 관련이 있다.

꽃은 이른 봄에 잎보다 먼저 피며, 가지에 1~2개씩 달린다. 꽃잎은 5장이며, 끝이 둥글다. 꽃받침잎은 5장이며, 붉은색이고, 뒤로 완전히 젖혀진다.

수술은 여러 개이며, 길이가 서로 다르고, 통처럼 생긴 꽃턱 입구에서 돌려난다. 암술은 암술대가 1개이며, 씨방과 함께 흰 털이 촘촘하다.

잎은 갈라지지 않으며, 매실나무에 비해 둥글고 끝이 꼬리처럼 길어진다.

열매는 씨열매이다.

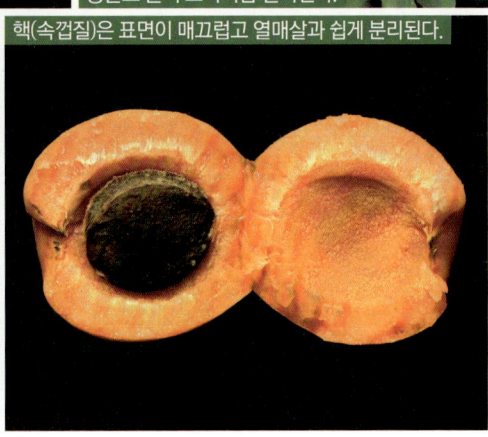

핵(속껍질)은 표면이 매끄럽고 열매살과 쉽게 분리된다.

매실나무

장미과

Prunus mume (Siebold) Siebold & Zucc.

자라는 모양 ▶ 갈잎, 넓은잎, 중간키나무
잎이 나는 모양 ▶ 홑잎, 어긋나기
생식 기관 ▶ 암수한꽃

매실나무 꽃을 매화라고 한다. 설중매(雪中梅)라는 말이 있을 정도로 이른 봄, 잎이 나기 전에 꽃이 먼저 핀다. 열매를 얻으려고 대량 재배하거나 관상용으로 심기도 한다. 대규모 재배지가 있는 남부 지방에서는 매화 축제가 크게 열린다.

끝가지가 녹색이다. 꽃(매화)은 가지에 1~3개씩 달린다. 꽃받침잎은 5장이며, 위로 올라붙는다. 꽃잎은 5장이며, 끝이 둥글다.

수술은 여러 개이며, 길이가 서로 다르고, 통처럼 생긴 꽃턱 입구에서 돌려난다. 암술은 암술대가 1개이며, 수술보다 길이가 짧다.

잎은 갈라지지 않으며, 가장자리에 작고 뾰족한 톱니가 있다.

열매는 씨열매이다. 핵(속껍질)은 표면에 홈이 많고 열매살과 잘 떨어지지 않는다.

살구(왼쪽)와 매실(오른쪽) 열매 비교

복사나무

Prunus persica (L.) Batsch.

장미과

자라는 모양 ▶ 갈잎, 넓은잎, 작은키나무 또는 중간키나무
잎이 나는 모양 ▶ 홑잎, 어긋나기
생식 기관 ▶ 암수한꽃

복사나무 열매를 '복숭아'라고 한다. 옛 문헌에 따르면 귀신을 쫓아내는 도구로 많이 쓰였다고 한다. 꽃자루가 짧아 꽃이 가지에 바로 붙은 것처럼 보인다.

끝가지는 햇빛을 많이 받는 쪽은 적갈색이고, 반대쪽은 녹색이다.

잎은 갈라지지 않으며, 가장자리에 자잘한 톱니가 있고, 끝이 길게 뾰족하다.

꽃받침잎은 5장이며, 겉에 털이 있다. 꽃턱은 통 모양이며, 겉에 털이 거의 없고, 안쪽에 꿀샘이 있다.

수술, 암술대, 꽃받침잎, 씨방, 꽃턱

꽃은 잎보다 먼저 피며, 가지에 1~2개씩 달린다. 꽃잎은 5장이며, 끝이 둥글다.

수술은 여러 개이며, 길이가 서로 다르고, 통처럼 생긴 꽃턱 입구에서 돌려난다. 암술은 암술대가 1개이며, 암술대 밑동과 씨방에 털이 촘촘하다.

열매는 씨열매이며, 잔털이 촘촘하다. 핵(속껍질)은 표면에 주름이 져서 울퉁불퉁하다.

잔털벚나무

장미과

Prunus serrulata Lindl. var. *pubescens* (Makino) Nakai

자라는 모양 ▶ 갈잎, 넓은잎, 큰키나무
잎이 나는 모양 ▶ 홑잎, 어긋나기
생식 기관 ▶ 암수한꽃

벚나무와 마찬가지로 잎과 꽃이 함께 달리며, 주변 산지에서 자란다. 그러나 벚나무와 달리 잎자루와 꽃자루에 털이 있고, 벚나무보다 흔해 주변 산에서 벚나무 종류를 보았다면, 벚나무보다는 잔털벚나무일 가능성이 훨씬 크다.

껍질에 입술 모양 껍질눈이 도드라지며, 나무가 자랄수록 껍질눈은 옆으로 길어진다.

잎은 갈라지지 않으며, 가장자리에 작고 뾰족한 겹톱니가 있고, 끝이 길게 뾰족하다.

껍질눈
턱잎은 가늘게 갈라진다. 잎자루에 털과 샘점이 있다.
잎자루
샘점
턱잎

꽃은 잎이 나오면서 같이 피며, 2~3개씩 모여나고, 꽃자루에 털이 있다. 꽃잎은 5장이며, 끝이 약간 파여 있다.

꽃받침잎은 5장이며 뾰족하다. 꽃턱은 열매가 익을 때 떨어진다.
꽃턱
꽃받침잎

열매(버찌)는 씨열매이며, 붉은색이었다가 검게 익는다.

수술은 여러 개이며, 길이가 다양하고, 통처럼 생긴 꽃턱 안쪽에 붙는다. 암술은 암술대가 1개이며, 왕벚나무와 달리 밑동에 털이 없다.
수술
암술대
씨방

벚나무

장미과

Prunus serrulata Lindl. f. *spontanea* (E.H.Wilson) Chin S.Chang

자라는 모양 ▶ 갈잎, 넓은잎, 큰키나무
잎이 나는 모양 ▶ 홑잎, 어긋나기
생식 기관 ▶ 암수한꽃

잎과 꽃이 같이 달리기 때문에 왕벚나무보다 꽃 피는 시기가 늦다. 주변 산지에서 자란다. 잔털벚나무와 달리 잎자루와 꽃자루에 털이 없다. 털이 없다는 점에서 산벚나무와 비슷하지만 산벚나무는 깊은 산에서 자라기에 사는 환경을 보고 구별할 수 있다. 벚나무 종류는 잎을 보호하고자 잎자루나 잎 밑동에서 개미가 좋아하는 단물을 분비한다. 단물을 먹으러 온 개미가 잎을 해치는 진딧물 같은 벌레도 함께 잡아먹기 때문이다.

껍질에 입술 모양 껍질눈이 도드라진다.

잎은 갈라지지 않으며, 가장자리에 작고 뾰족한 겹톱니가 있고, 끝이 길게 뾰족하다. 잎자루에 털이 없으며, 샘점이 있다.

샘점

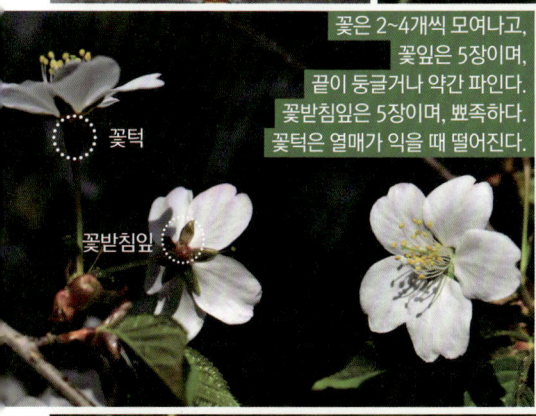

꽃은 2~4개씩 모여나고, 꽃잎은 5장이며, 끝이 둥글거나 약간 파인다. 꽃받침잎은 5장이며, 뾰족하다. 꽃턱은 열매가 익을 때 떨어진다.

꽃턱

꽃받침잎

수술 암술

수술은 여러 개이며, 길이가 다양하고, 통처럼 생긴 꽃턱 안쪽에 붙는다. 암술은 암술대가 1개이며, 왕벚나무와 달리 밑동에 털이 없다.

열매(버찌)는 씨열매이며, 붉은색이었다가 검게 익는다. 핵(속껍질)은 넓은 타원형이다.

장미과

왕벚나무
Prunus × *yedoensis* Matsum.

껍질에 입술 모양 껍질눈이 도드라진다.

잎은 갈라지지 않으며, 가장자리에 작고 뾰족한 겹톱니가 있고, 끝이 길게 뾰족하다. 잎자루에 털이 있으며, 턱잎은 가늘게 갈라지고 일찍 떨어져 나간다.

샘점

잎과 잎자루가 만나는 지점에 샘점이 있다.

자라는 모양 ▶ 갈잎, 넓은잎, 큰키나무
잎이 나는 모양 ▶ 홑잎, 어긋나기
생식 기관 ▶ 암수한꽃

한라산에서 드물게 자생하며, 우리가 주변에서 보는 나무는 식재종이다. 다른 벚나무 종류보다 꽃이 촘촘하게 달려 꽃이 다 피면 나무 전체에 꽃이 가득 찬 모양이기 때문에 가로수로 특히 많이 심는다. 그래서 벚꽃 축제가 열리는 곳은 대개 왕벚나무를 심은 곳이다.

꽃은 잎보다 먼저 피고, 3~5개씩 모여나며, 꽃자루에 털이 많다. 꽃받침잎은 5장이며, 바깥쪽에 털이 있다.

꽃잎은 5장이며, 끝이 둥글거나 약간 파인다.

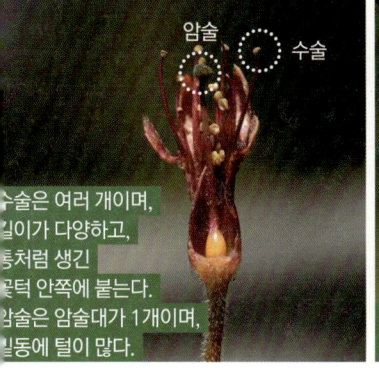

수술은 여러 개이며, 길이가 다양하고, 통처럼 생긴 꽃턱 안쪽에 붙는다. 암술은 암술대가 1개이며, 밑동에 털이 많다.

꽃턱은 열매가 익을 때 떨어진다.

열매(버찌)는 씨열매이며, 초록색에서 붉은색이었다가 검게 익는다.

앵도나무 *Prunus tomentosa* Thunb.

장미과

자라는 모양 ▶ 갈잎, 넓은잎, 작은키나무
잎이 나는 모양 ▶ 홑잎, 어긋나기
생식 기관 ▶ 암수한꽃

국명은 '앵도(櫻桃)'로 되어 있지만 열매는 '앵두'로 많이 부른다. 앵도나무를 비롯해 장미과 종류에는 과일나무가 많으며, 주로 씨방이나 꽃턱이 자란 열매살을 '과일'로 먹는다. 앵두 속에 있는 딱딱한 것을 씨앗으로 착각하기 쉽지만 이는 열매 속껍질 부분이 변한 것으로 핵이라 부른다.

껍질은 불규칙하게 갈라지고, 끝가지에 털이 많다.

잎은 갈라지지 않으며, 특히 뒷면에 털이 많고, 가장자리에 작고 뾰족한 겹톱니가 있다.

꽃은 1~2개씩 모여난다. 꽃잎은 5장이며, 끝이 둥글다.

꽃받침잎은 5장이다. 꽃턱은 붉은색이고, 열매가 익을 때 떨어진다. 수술은 여러 개이며, 길이가 다양하고, 통처럼 생긴 꽃턱 안쪽에 붙는다. 암술은 암술대가 1개이며, 털이 촘촘하다.

꽃받침잎 / 꽃턱 / 암술 / 수술

열매(앵두)는 씨열매이고, 붉은색으로 익는다. 핵(속껍질)은 럭비공처럼 생겼다.

배나무

Pyrus pyrifolia var. *culta* (Makino) Nakai

장미과

자라는 모양 ▶ 갈잎, 넓은잎, 중간키나무
잎이 나는 모양 ▶ 홑잎, 어긋나기
생식 기관 ▶ 암수한꽃

우리가 먹는 '배'는 사과와 마찬가지로 꽃턱이 자라 생긴 열매살이다. 그런데 이 열매살은 사과와 달리 까슬까슬하다. 세포벽이 나무 섬유질 성분에 둘러싸여 두꺼워진 '돌세포'가 열매살 속에 들어 있기 때문이다.

줄기에 짧은가지가 자란다. 잎은 짧은가지에서는 몇 개씩 모여나며, 갈라지지 않고, 가장자리에 뾰족한 잔톱니가 있다. 꽃은 여러 송이가 가지런하게 모여나며 고른꽃차례를 이룬다.

꽃잎은 5장이며, 끝이 밋밋하다. 수술은 여러 개이며, 꽃밥과 수술대 색이 다르고, 통처럼 생긴 꽃턱 안쪽에 붙는다. 암술은 암술대가 5개이다.

꽃받침잎은 5장이다. 꽃턱은 통통하며 털이 거의 없다.

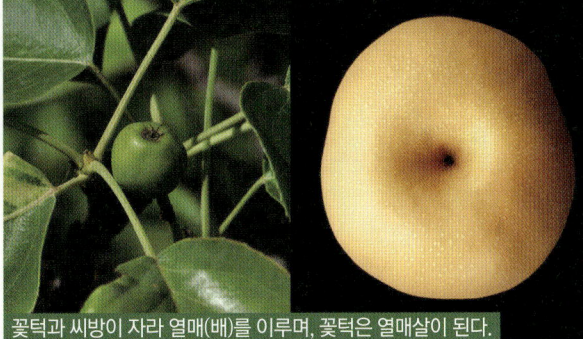

꽃턱과 씨방이 자라 열매(배)를 이루며, 꽃턱은 열매살이 된다.

씨앗은 방마다 2개씩 들어 있다.

찔레꽃

Rosa multiflora Thunb.

장미과

잎 하나는 작은 잎 5~9장으로 이루어지며, 작은 잎 가장자리에 자잘한 톱니가 있고, 잎자루 밑동에 날개처럼 생긴 턱잎이 한 쌍 있다.

자라는 모양 ▶ 갈잎, 넓은잎, 작은키나무
잎이 나는 모양 ▶ 깃꼴겹잎, 어긋나기
생식 기관 ▶ 암수한꽃

산과 들에서 흔히 볼 수 있으며, 특히 계곡 주변에서 잘 자란다. 밑동에서 줄기가 여러 개 올라와 덤불을 이룬다. 줄기에 껍질이 변해 생긴 가시가 많으며, 향기가 강해서 늘 다양한 곤충이 모여든다. 장미 종류 대목*으로 쓰기도 한다.

*대목(臺木): 품종을 개량하려고 한 나무에 다른 나무 가지나 눈을 따다 붙일 때(접) 그 바탕으로 쓰는 나무

꽃은 가지 끝에서 수북하니 모여 달린다(고깔모양꽃차례). 꽃잎은 5장이며, 끝이 오목하다.

꽃받침잎은 5장이며, 샘털이 촘촘하다. 수술은 여러 개이며, 길이가 다르고, 통처럼 생긴 꽃턱 입구에 모여난다. 수술이 암술대보다 길다. 암술은 암술대 여러 개가 뭉쳐 한 덩어리가 된다.

꽃턱은 모임열매의 열매살로 자란다.

덩굴장미(장미)

장미과

Rosa multiflora Thunb. var. *platyphylla* Thory

잎 하나는 작은 잎 3~5장으로 이루어지며, 작은 잎 가장자리에 뾰족한 톱니가 있고, 잎자루 밑동에 날개처럼 생긴 턱잎이 한 쌍 있다.

줄기는 길게 휘어지며, 납작한 가시가 있다.

자라는 모양 ▶ 갈잎, 넓은잎, 작은키나무
잎이 나는 모양 ▶ 깃꼴겹잎, 어긋나기
생식 기관 ▶ 암수한꽃

주로 공원이나 정원에 관상용으로 흔히 심는다. 종소명 (*multiflora*)은 꽃이 많다는 뜻이다.

꽃은 가지 끝에 몇 개씩 모여나며, 꽃자루에 샘털이 있다. 꽃턱은 통 모양이다.

꽃잎은 겹꽃이며, 끝이 오목하다.

씨방은 열매로 자라며, 열매에는 긴 털이 있다.

꽃받침잎은 5장이며, 겉에 샘털이 있다. 수술은 여러 개이며, 길이가 다르고, 통처럼 생긴 꽃턱 입구에 모여 암술대보다 길다. 암술은 암술대 여러 개가 한 덩어리를 이룬다.

장미과

해당화
Rosa rugosa Thunb.

줄기에 뽀족하고 불규칙한 가시가 촘촘하다.

잎 하나는 작은 잎 3~7장으로 이루어지며, 작은 잎은 가장자리에 톱니가 있다. 잎은 두껍고, 뒷면에 털이 많으며, 큰잎자루 밑동에 큰 턱잎이 한 쌍 있다.

꽃잎

꽃받침잎

꽃받침잎은 5장이며, 길고, 털이 촘촘하다. 꽃턱은 통처럼 생겼다.

꽃턱

자라는 모양 ▶ 갈잎, 넓은잎, 작은키나무
잎이 나는 모양 ▶ 깃꼴겹잎, 어긋나기
생식 기관 ▶ 암수한꽃

바닷가 모래땅에 자생하지만, 내륙 지역 공원이나 정원에도 관상용으로 흔히 심는다. 나무 크기에 비해 꽃이 매우 크다. 장미과 식물에서 통처럼 생긴 꽃턱이 발달하는 종은 꽃턱 안쪽에 암술이 여러 개 붙어 있다.

꽃은 가지 끝에 1~3개가 모여난다. 꽃잎은 5장이며, 끝이 둥글거나 약간 파인다. 수술은 여러 개이며, 꽃턱 입구에서 여러 겹으로 돌려난다. 암술은 암술대 여러 개가 뭉쳐 꽃턱 밖으로 나온다.

통처럼 생긴 꽃턱이 부풀어 붉은색 열매살이 된다.

모임열매에 들어 있어 씨앗처럼 보이는 것은 각각 씨방이 자란 열매다.

산딸기

Rubus crataegifolius Bunge

장미과

자라는 모양 ▶ 갈잎, 넓은잎, 작은키나무
잎이 나는 모양 ▶ 홑잎, 어긋나기
생식 기관 ▶ 암수한꽃

산과 들 어디서나 흔히 볼 수 있다. 속명(*Rubus*)은 열매가 붉다는 점에서 붉은색을 뜻하는 라틴어(ruber)에서 유래했다. 종소명(*crataegifolius*)은 산사나무속(*Crataegus*)과 잎 모양이 비슷한 점에서 따왔다.

줄기는 적갈색이고, 가시가 있다.

잎은 크게 3~5갈래로 갈라지며, 가장자리에 불규칙한 톱니가 있고 끝은 길게 뾰족하다.

꽃은 가지 끝에 2~6개가 달린다(고른꽃차례).

암술이 각각 작은 씨열매로 자라 모임열매를 이룬다.

꽃잎은 5장이며, 꽃잎 사이가 멀다. 꽃받침잎은 5장이며, 뾰족하고 안쪽에 털이 많다. 꽃받침잎은 꽃이 필 때 열렸다가 수정이 끝나면 다시 닫힌다. 수술은 여러 개이며, 암술 주변을 병풍처럼 둘러싼다.
암술은 여러 개이며, 부푼 꽃턱 위에 모여난다.

장미과

멍석딸기 *Rubus parvifolius* L.

잎 하나는 작은 잎 3장으로 이루어지며, 큰잎자루 밑동에 실처럼 생긴 턱잎이 한 쌍 있다. 작은 잎은 뒷면에 흰 털이 촘촘하고, 가장자리에 불규칙한 톱니가 있다.

자라는 모양 ▶ 갈잎, 넓은잎, 작은키나무
잎이 나는 모양 ▶ 삼출겹잎, 어긋나기
생식 기관 ▶ 암수한꽃

줄기가 땅을 기듯이 자라기도 하지만 덩굴식물은 아니다. 하나처럼 보이는 모임열매는 많은 암술(씨방)이 각각 꽃턱에서 작은 씨열매로 알알이 자라 모인 것으로, 꽃턱에서 떼어 보면 모임열매 속은 텅 비어 있다. 그러니까 우리가 멍석딸기에서 먹는 부분은 씨방이 자란 씨열매다. 반면, 딸기는 꽃턱이 부풀어 빨갛게 열매살로 자라고, 그 표면에 씨열매가 참깨처럼 박혀 있다. 그러니까 멍석딸기와 달리 딸기에서 우리가 먹는 부분은 꽃턱이 자란 열매살이다.

줄기는 기듯이 옆으로 자라며, 가시와 털이 있다.

암술이 각각 작은 씨열매로 자라 모임열매를 이룬다.

씨열매 1개

수술

꽃은 가지 끝에 여럿이 달린다(고른꽃차례). 꽃받침잎은 5~6장이며, 끝이 뾰족하고 털이 많다. 꽃잎은 5장이며, 위로 올라붙어 수술을 덮는다. 수술은 여러 개이다. 다른 장미과 식물과 달리 꽃잎이 위로 붙어 있어서 꽃잎이 떨어져 나가야 수술이 드러난다. 암술은 여러 개이며, 부푼 꽃턱 위에 모여난다.

암술

꽃받침잎

줄딸기

Rubus pungens Cambess.

장미과

줄기에 드문드문 가시가 있다.
잎 하나는 작은 잎
5~7장으로 이루어지며,
작은 잎 가장자리에
불규칙한 톱니가 있고,
큰 잎자루에 가시가 있다.

자라는 모양 ▶ 갈잎, 넓은잎, 작은키나무
잎이 나는 모양 ▶ 깃꼴겹잎, 어긋나기
생식 기관 ▶ 암수한꽃

주로 산기슭의 습한 곳에서 자란다. 줄기가 옆으로 길게 뻗지만 덩굴식물처럼 다른 물체를 타고 오르지는 않는다. 줄기와 잎이 복분자딸기와 닮았지만, 복분자딸기는 줄기가 흰 분가루가 묻은 것처럼 하얗기 때문에 구별된다.

꽃받침잎

수술
암술

암술이 각각 작은 씨열매로 자라 모임열매를 이룬다.

씨열매 1개

꽃은 가지 끝에 1~2개씩 달리며, 꽃대에 가시가 있다. 꽃잎은 5장이며, 밑동이 가늘고, 꽃잎 사이가 살짝 멀다. 꽃받침잎은 5장이며, 끝이 뾰족하고, 바깥쪽에 가시와 샘털이 많다. 수술은 여러 개이며, 암술머리 쪽으로 기울어진다. 암술은 여러 개이며, 암술대가 길고 꽃턱 위에 모여난다.

모과나무

Pseudocydonia sinensis (Thouin) C.K.Schneid.

장미과

자라는 모양 ▶ 갈잎, 넓은잎, 중간키나무
잎이 나는 모양 ▶ 홑잎, 어긋나기
생식 기관 ▶ 수꽃암수한꽃한그루

열매 모양이 울퉁불퉁하고 맛이 없어서 과일로 먹지는 않지만 향이 매우 좋아서 청을 담가 차로는 많이 마신다. 녹병균 같은 곰팡이 감염병에 잘 걸려 잎이나 열매가 상하는 일이 많다. 특히 주변에 향나무가 있으면 곰팡이 포자가 계절에 따라 두 식물을 옮겨 다니기 때문에 더욱 쉽게 감염된다.

껍질이 조각판처럼 떨어져 나가 줄기에 얼룩무늬가 생긴다.

잎은 갈라지지 않으며, 가죽처럼 뻣뻣하고, 가장자리에 작고 뾰족한 톱니가 많다.

꽃은 가지 끝에 하나씩 달린다. 꽃잎은 5장이며, 끝이 둥글다.

꽃받침잎은 5장이며, 털이 많다. 수술은 여러 개이며, 길이가 서로 다르고, 통처럼 생긴 꽃턱 입구에서 돌려난다. 암술은 암술대가 5개이며, 밑동이 하나로 뭉친다.

꽃턱과 씨방이 자라 열매(모과)를 이루며, 꽃턱은 열매살이 된다.

씨앗은 씨방 안에 켜켜이 들어 있으며 삼각형이다.

팥배나무

Aria alnifolia (Siebold & Zucc.) Decne.

장미과

자라는 모양 ▶ 갈잎, 넓은잎, 큰키나무
잎이 나는 모양 ▶ 홑잎, 어긋나기
생식 기관 ▶ 암수한꽃

어느 산에서나 흔히 볼 수 있다. 열매가 배처럼 생겼지만 크기는 팥처럼 작다해서 '팥배'라는 이름이 붙었다. 열매껍질에 사과와 마찬가지로 점 같은 껍질눈이 흩어져 있다. 흰색이어서 뚜렷이 눈에 띈다.

껍질에는 마름모꼴 껍질눈이 세로로 나 있다.
끝가지는 자주색이며 여기서 껍질눈은 흰색이어서 도드라진다.

잎은 갈라지지 않으며, 곁맥이 뚜렷하고,
가장자리에 불규칙한 겹톱니가 있다.

꽃은 가지 끝에 수북하니
모여난다(고른꽃차례). 꽃잎은 5장이며,
끝이 둥글다.

꽃턱은 통통하며, 겉에 털이 많다.
꽃받침잎은 5장이며, 뾰족하고 털이 있다.

꽃턱 꽃받침잎

암술 수술

수술은 여러 개이며, 길이가
서로 다르고, 수술대가
꽃턱 입구에 붙는다. 암술은 암술대
끝이 두세 갈래로 갈라진다.

꽃턱과 씨방이 자라
열매(팥배)를 이루며,
꽃턱은 열매살이 된다.

장미과

조팝나무

Spiraea prunifolia Siebold & Zucc. f. *simpliciflora* Nakai

꽃잎은 5장이며, 끝이 둥글다.
수술은 20개쯤이며, 꽃잎보다 짧다.
암술에는 씨방이 5개있으며,
암술대는 씨방마다 하나씩 있다.

꽃은 줄기에 촘촘하게 달린다
(우산모양꽃차례). 꽃받침잎은 5장이며,
털이 있다. 꽃턱은 통 모양이다.
꿀샘은 꽃턱 위쪽에 달린다.

꽃받침잎
꽃턱

자라는 모양 ▶ 갈잎, 넓은잎, 작은키나무
잎이 나는 모양 ▶ 홑잎, 어긋나기
생식 기관 ▶ 암수한꽃

공원이나 길가에 많이 심지만, 원래는 햇빛이 잘 드는 산지 근처에서 덤불을 이루어 자란다. 긴 줄기에 꽃이 가득 달려 있어 꽃꽂이용으로 많이 쓰인다.

줄기는 밑에서 여러 개가 올라와 흔히 덤불을 이루고, 끝가지가 가늘다. 잎은 갈라지지 않으며, 가장자리에 작고 뾰족한 톱니가 있다.

씨앗은 가늘고 길쭉하다.

열매는 5개쯤으로 별 모양을 이루며, 끝에 암술대가 남는다.

암술대

장미과

국수나무

Stephanandra incisa (Thunb.) Zabel

끝가지는 지그재그로 벋는다.

줄기 속

줄기 단면

줄기 속은 갈색이다.

자라는 모양 ▶ 갈잎, 넓은잎, 작은키나무
잎이 나는 모양 ▶ 홑잎, 어긋나기
생식 기관 ▶ 암수한꽃

산지에서 흔히 덤불을 이루며, 특히 계곡 주변에서는 무리 지어 자라는 일이 많다. 작은 가지 같은 것으로 줄기 속을 당기면 속이 쏙 빠진다. 속을 만져 보면 폭신폭신하며, 가늘고 기다란 모양이 꼭 국수를 닮았다고 해서 국명에 '국수'가 붙었다.

겨울눈 비늘조각은 갈색이며 털이 없고, 겨울눈 바로 아랫부분에 덧눈이 있다.

잎은 밑동으로 갈수록 깊게 갈라지며, 가장자리에 불규칙한 톱니가 있고, 끝은 꼬리처럼 길게 뾰족하다.

꽃은 가지 끝에서 수북하니 고깔모양꽃차례로 달린다.

꽃잎은 5장쯤이며, 끝이 둥글다. 꽃받침잎은 5장쯤이며, 털이 있다. 수술은 10개쯤이며, 암술 쪽으로 조금 굽었다. 암술은 암술대가 1개이고 약간 굽었으며, 씨방에 털이 있다.

열매는 둥글며, 씨앗은 갈색이다.

자귀나무

Albizia julibrissin Durazz.

콩과

가지는 나사처럼 꼬인 모양이다.

작은 잎이 아주 많다. 맨 끝에 있는 작은 잎은 짝수이고, 큰잎자루 밑동은 부풀었다.

자라는 모양 ▶ 갈잎, 넓은잎, 큰키나무
잎이 나는 모양 ▶ 2회깃꼴겹잎, 어긋나기
생식 기관 ▶ 수꽃암수한꽃한그루

내륙에서는 대개 식재한 종이 보이지만, 섬 지역에 가면 자생하는 종을 흔히 볼 수 있다. 꽃은 대부분 장마철인 6~7월에 피고 진다. 자귀나무는 깃꼴겹잎이 한 번 더 나뉘어 두 번 반복되는 깃꼴겹잎이다. 대개 다른 나무에서 겹잎은 작은 잎이 하나로 끝나는 데에 반해, 자귀나무는 2개로 끝나기 때문에 작은 잎 수가 늘 짝수가 된다.

꽃은 가지 끝에서 머리모양꽃차례가 수북하니 모여 달린다(고깔모양꽃차례).

열매(꼬투리)는 길고 납작하며, 씨앗이 담긴 방은 조금씩 부풀었다.

암술 / 수술

꽃갓은 길쭉하며, 다섯 갈래로 갈라진다.
꽃받침은 꽃잎 아래를 둘러싸며, 끝이 다섯 갈래로 얕게 갈라진다.
수술은 여러 개이며, 수술대가 실처럼 생겼고 분수처럼 펴진다. 암술은 암술대가 한 개이며, 수술보다 조금 길다.

꽃갓 / 꽃받침

족제비싸리 *Amorpha fruticosa* L.

콩과

자라는 모양 ▶ 갈잎, 넓은잎, 작은키나무
잎이 나는 모양 ▶ 깃꼴겹잎, 어긋나기
생식 기관 ▶ 암수한꽃

척박한 환경에서도 잘 견디기 때문에 산을 깎은 곳, 도로 주변 등에 많이 심는다. '족제비싸리'라는 이름은 꽃차례가 족제비 꼬리와 닮은 데에서 비롯했으리라 추측한다. 족제비싸리도 땅비싸리처럼 싸리 종류에서는 드물게 깃꼴겹잎이다.

줄기는 조금 가늘며, 줄기 위쪽에서 가지가 많이 갈라진다. 잎 하나는 작은 잎 11~29장으로 이루어지며, 작은 잎 가장자리에 톱니가 없다.

꽃잎은 기판 1장이 수술과 암술을 둥글게 감싸며, 익판과 용골판은 없다. 꽃받침은 꽃잎 아래를 둘러싸며 끝이 다섯 갈래로 갈라진다. 수술은 10개이며 길어서 수술대 위쪽과 꽃밥이 꽃잎 밖으로 나온다.

꽃은 가지 끝 꽃대에 아래쪽에서 위쪽 순서로 달린다(이삭꽃차례). 암술은 1개이며, 암술대가 수술보다 먼저 꽃잎 밖으로 나온다.

열매(꼬투리) 겉면에 오돌토돌한 점이 많으며, 다른 콩과 식물과 달리 꼬투리가 벌어지지 않는다.

137

콩과

골담초

Caragana sinica (Buc'hoz) Rehder

밑동에서 줄기가 여러 개 올라와 덤불처럼 자라고, 가지에 골이 있다. 잎 하나는 작은 잎 4장으로 이루어진다. 큰잎자루 밑동에 납작한 가시 모양 턱잎이 한 쌍 있고, 큰잎자루는 나중에 긴 가시가 된다.

턱잎
큰잎자루

자라는 모양 ▶ 갈잎, 넓은잎, 작은키나무
잎이 나는 모양 ▶ 깃꼴겹잎, 어긋나기
생식 기관 ▶ 암수한꽃

골담초(骨擔草)는 '뼈를 들어 올리는 풀'이라는 뜻이지만 실제로는 나무이다. 옛날부터 식물은 약재로 많이 쓰여 왔기에 한약재와 이름이 같은 종류가 많다. '골담'도 뼈(관절)에 효능이 있다는 한약재 이름이다. 골담초를 비롯한 콩과 식물 꽃은 좌우대칭인 점이 특징이다. 꽃 생김새가 나비가 날개를 접은 모습과 닮았다고 해서 '접형화관'이라고 한다.

꽃은 잎겨드랑이에 주로 하나씩 달린다.
꽃잎은 5장(기판1+익판2+용골판2)이다.
기판은 넓고 뒤로 완전히 젖혀지며,
용골판은 암술과 수술을 감싼다.
꽃받침은 꽃잎 아래를 둘러싸며
끝이 5개로 얕게 갈라진다.
수술은 10개이며, 암술은 1개이다.

콩과

박태기나무

Cercis chinensis Bunge

줄기는 조금 가늘며, 줄기 위쪽에서 가지가 많이 갈라진다.

잎은 다른 콩과 식물과 달리 홑잎이며, 잎 밑동에서 잎맥 5~7개가 뻗는다.

자라는 모양 ▶ 갈잎, 넓은잎, 작은키나무
잎이 나는 모양 ▶ 홑잎, 어긋나기
생식 기관 ▶ 암수한꽃

잎이 나기 전에 꽃이 먼저 핀다. 자루가 짧은 꽃이 줄기 곳곳에 무더기로 모여나기에 멀리서도 눈에 잘 띈다. 콩과 식물 잎은 대개 겹잎인데 박태기나무는 홑잎이다.

꽃은 줄기에 뭉쳐난다.

꽃잎은 5장
(기판1+익판2+용골판2)이다.
기판은 익판보다 작고
안쪽에 있다.

용골판은 암술과 수술을 감싸며,
기판과 익판보다 크고,
밑동이 가느다란 자루 같다.
꽃받침은 꽃잎 아래를 둘러싸며,
끝이 다섯 갈래로 얕게 갈라진다.
수술은 10개이며, 암술은 1개이고,
모두 끝이 위로 굽었다.

암술 씨방 부분이
열매(꼬투리)로 자라는 모습

열매는 납작하고 길며,
칸칸이 나뉜 방은 모두 조금씩 부풀어 있다.

콩과

땅비싸리

Indigofera kirilowii Maxim. ex Palib.

밑동에서 줄기가 여러 개 올라와 모여난다.
잎 하나는 작은 잎 7~13장으로 이루어지며,
작은 잎은 톱니가 없다.

꽃은 잎겨드랑이에
줄지어 달리고
(송이모양꽃차례),
위를 향한다.

자라는 모양 ▶ 갈잎, 넓은잎, 작은키나무
잎이 나는 모양 ▶ 깃꼴겹잎, 어긋나기
생식 기관 ▶ 암수한꽃

이름에 '땅'이 들어가는 식물은 대개 키가 작거나 꽃이 땅을 향하는 등 땅과 가까이 자란다. 땅비싸리 또한 다른 싸리 종류에 비해 키가 작으며, 땅에서 가느다란 줄기가 여러 개 올라온다. 콩과 식물 중에서 '싸리'라는 이름이 들어가는 식물이 주로 삼출겹잎이 많은데 땅비싸리는 깃꼴겹잎이다.

꽃잎은 5장(기판1+익판2+용골판2)이다. 기판은 크고, 밑동에 짙은 줄무늬가 있다. 익판과 용골판은 일찍 떨어져 나가서 나중에는 기판만 수술과 암술 덮개처럼 남는다. 꽃받침은 다섯 갈래로 갈라진다. 수술은 10개이며, 암술은 1개이고, 끝이 모두 위로 굽는다. 수술 9개는 밑동이 뭉치고 씨방을 막처럼 감싼다.

열매(꼬투리)는 길고 둥글다.

기판

익판

암술과 수술

꽃받침

용골판

싸리·참싸리

Lespedeza bicolor Turcz. · *Lespedeza cyrtobotrya* Miq.

콩과

싸리

참싸리

자라는 모양 ▶ 갈잎, 넓은잎, 작은키나무
잎이 나는 모양 ▶ 삼출겹잎, 어긋나기
생식 기관 ▶ 암수한꽃

산과 들에 흔히 자라며, 가지가 가늘고 보통 안쪽으로 휘어 있어 옛날에는 빗자루나 문, 울타리 등의 재료로 많이 썼다. 싸리비, 싸리문이라는 낱말도 그래서 생겨났다. 다만, '싸리문'은 싸릿가지로 만든 문을 뜻하기도 하지만, '사립문'의 비표준어로 쓰이기도 한다. '사립문'은 싸리 종류뿐만 아니라 나뭇가지를 엮어서 만든 모든 문을 가리킨다.

싸리. 줄기는 밑동에서 여러 개가 올라오며, 가지(줄기에서 뻗어 나간다)는 가늘다.

참싸리. 잎 하나는 작은 잎 3장으로 이루어지며, 작은 잎은 가장자리에 톱니가 없고 끝이 오목하다.

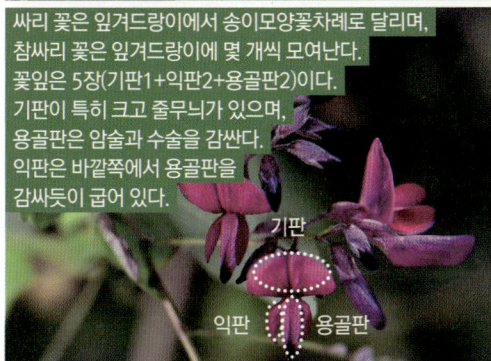

싸리 꽃은 잎겨드랑이에서 송이모양꽃차례로 달리며, 참싸리 꽃은 잎겨드랑이에 몇 개씩 모여난다. 꽃잎은 5장(기판1+익판2+용골판2)이다. 기판이 특히 크고 줄무늬가 있으며, 용골판은 암술과 수술을 감싼다. 익판은 바깥쪽에서 용골판을 감싸듯이 굽어 있다.

기판
익판 용골판

꽃받침은 꽃잎 아래를 둘러싼다. 싸리는 끝이 네 갈래로, 참싸리는 끝이 네다섯 갈래로 갈라진다. 꽃받침 갈래는 참싸리가 싸리보다 더 길고 뾰족하다.

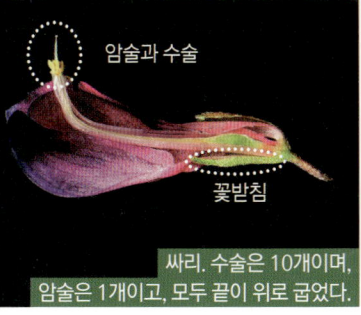

암술과 수술

꽃받침

싸리. 수술은 10개이며, 암술은 1개이고, 모두 끝이 위로 굽었다.

열매는 둥글납작하고, 털이 있다.

콩과

조록싸리
Lespedeza maximowiczii C.K.Schneid.

줄기는 밑동에서 여러 개가 올라오며, 가지가 가늘다. 잎 하나는 작은 잎 3장으로 이루어지며, 작은 잎은 가장자리에 톱니가 없고 끝이 뾰족하다. 잎 뒷면에 털이 촘촘하다.

자라는 모양 ▶ 갈잎, 넓은잎, 작은키나무
잎이 나는 모양 ▶ 삼출겹잎, 어긋나기
생식 기관 ▶ 암수한꽃

싸리 종류는 모두 생김새가 비슷하며, 꽃과 잎이 떨어진 후에는 더욱이 구별하기가 쉽지 않다. 다만 조록싸리는 싸리, 참싸리와 달리 작은 잎 끝이 뚜렷하게 뾰족하다. 그리고 싸리와 참싸리는 대개 햇볕이 잘 드는 곳에서 자라지만, 조록싸리는 그늘진 숲에서도 잘 자란다.

꽃은 잎겨드랑이와 가지 끝에서 송이모양꽃차례로 달리며, 꽃차례에 털이 많다. 꽃잎은 5장(기판1+익판2+용골판2)이다. 기판은 크고 진한 줄무늬가 있으며, 용골판은 암술과 수술을 감싼다.

익판은 바깥쪽에서 용골판을 감싸듯이 굽어 있으며, 양쪽 끝이 거의 겹친다.

꽃받침은 꽃잎 아래를 둘러싸며, 네 갈래로 갈라지고, 각 갈래 조각은 길게 뾰족하다. 수술은 10개이며, 암술은 암술대가 1개이고, 모두 끝이 위로 굽었다.

콩과

칡
Pueraria lobata (Willd.) Ohwi

올라탈 물체가 없을 때 새로운 줄기는 길게 땅 위로 벋어 나간다.

잎 하나는 작은 잎 3장으로 이루어지며, 작은 잎은 두세 갈래로 얕게 갈라진다. 큰잎자루 밑동은 부풀었다.

어린 줄기에 갈색 털이 촘촘하다.

자라는 모양 ▶ 갈잎, 넓은잎, 덩굴나무
잎이 나는 모양 ▶ 삼출겹잎, 어긋나기
생식 기관 ▶ 암수한꽃

생명력이 강해 척박한 땅에서도 잘 자란다. 다른 식물이나 물체를 감고 올라가 위를 덮으면서 망토군락을 이룬다. 원줄기가 말라 죽지 않고 오히려 해마다 굵어지기 때문에 칡덩굴에 한번 감긴 다른 식물은 결국 말라 죽는다. 칡의 뿌리를 갈근(葛根)이라고 하며, 약재나 차로 쓰거나 즙을 내어 마시기도 한다.

꽃은 잎겨드랑이에 여럿이 줄지어 달리고(송이모양꽃차례), 위를 향한다.

꽃잎은 5장(기판1+익판2+용골판2)이다.
기판은 무척 크고, 중앙에 노란색 반점이 있으며, 용골판은 암술과 수술을 감싼다.
익판은 바깥쪽에서 용골판을 감싸듯이 굽어 있다.

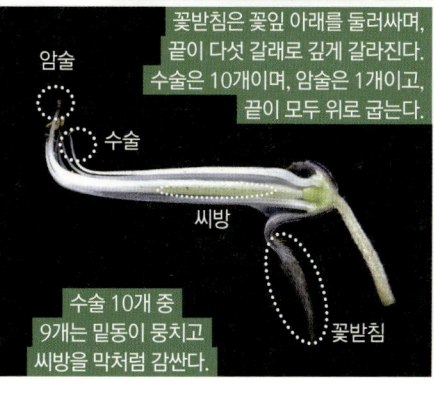

꽃받침은 꽃잎 아래를 둘러싸며, 끝이 다섯 갈래로 깊게 갈라진다.
수술은 10개이며, 암술은 1개이고, 끝이 모두 위로 굽는다.

수술 10개 중 9개는 밑동이 뭉치고 씨방을 막처럼 감싼다.

열매(꼬투리)는 납작하고 길며, 갈색 털이 촘촘하다.

아까시나무

Robinia pseudoacacia L.

콩과

자라는 모양 ▶ 갈잎, 넓은잎, 큰키나무
잎이 나는 모양 ▶ 깃꼴겹잎, 어긋나기
생식 기관 ▶ 암수한꽃

흔히 '아카시아'라고 부르지만, 올바른 이름은 '아까시나무'다. 종소명을 풀어 보면 pseudo(가짜, 비슷한)+acacia(아카시아)이니 진짜 아카시아는 아니라는 뜻이다. 꿀벌이 꿀을 얻는 대표 식물인 아까시나무의 가장 큰 특징은 가시다. 가시는 턱잎이 변해서 생긴 것으로, 항상 큰잎자루 밑동과 가지 경계면인 마디에 2개씩 달린다. 턱잎이 잎자루 밑동에 늘 2개씩 나고, 잎이 마디에 달리기 때문이다.

껍질이 세로로 갈라지며, 줄기 밑동이 잘려 나가도 새순이 돋아나 살아난다. 가지에 턱잎이 변한 납작한 가시가 있다.

잎 하나는 작은 잎 9~23장으로 이루어진다. 큰잎자루 밑동에 납작한 가시 모양 턱잎이 한 쌍 있으며, 잎이 떨어진 후에도 큰 가시가 남는다.

익판은 바깥쪽에서 용골판을 감싸듯이 굽어 있다. 꽃받침은 꽃잎 아래를 둘러싸며, 끝이 다섯 갈래로 얕게 갈라진다.

꽃받침 / 기판 / 익판 / 용골판

꽃은 잎겨드랑이에 여럿이 줄지어 달리고(송이모양꽃차례), 아래로 늘어진다. 꽃잎은 5장(기판1+익판2+용골판2)이다. 기판은 크고 안쪽에 연두색 무늬가 있으며, 용골판은 암술과 수술을 감싼다.

열매(꼬투리)는 납작하고 길며, 잘록하다.

씨앗은 한쪽 면에만 줄지어 달린다.

콩과

회화나무

Styphnolobium japonicum (L.) Schott

잎 하나는 작은 잎 9~15장으로 이루어지며, 작은 잎은 가장자리에 톱니가 없다.

껍질이 세로로 갈라지고, 아까시나무와 비슷하지만 가지에 가시가 없다.

자라는 모양 ▶ 갈잎, 넓은잎, 큰키나무
잎이 나는 모양 ▶ 깃꼴겹잎, 어긋나기
생식 기관 ▶ 암수한꽃

수백 년 묵은 고목을 궁궐이나 서원 등에서 볼 수 있으며, 천연기념물로 지정된 나무도 꽤 많다. 다만 모두 식재한 종으로, 자생하는 종은 찾아보기 어렵다. 회화(槐花)나무의 '회(槐)'자는 한자말 그대로 읽으면 '괴'인데, 이 글자를 '회'로 읽는다는 문헌도 있으니, '회화'라는 이름은 이런 해석에서 유래한 듯하다. 참고로 '괴(槐)'자는 '나무(木)'와 '귀신(鬼)'을 합한 글자여서, 예전에는 회화나무를 귀신 쫓는 나무로 부르기도 했다고 한다.

꽃은 가지 끝에서 수북하니 모여 달린다(고깔모양꽃차례).

꽃받침은 꽃잎 아래를 둘러싸며, 끝이 다섯 갈래로 얕게 갈라진다.

꽃잎은 5장(기판1+익판2+용골판2)이다. 기판은 크고 뒤로 젖혀지며, 용골판은 암술과 수술을 감싼다. 익판은 용골판 바깥쪽에 있으며, 다른 콩과 식물과 달리 굽어 있지 않다.

수술은 10개이며, 암술은 1개이다.

열매는 열매살이 있으며, 열매 각각이 이어진 모양이 염주 같고, 익어도 벌어지지 않는다.

콩과

등

Wisteria floribunda (Willd.) DC.

줄기는 덩굴성이다.

잎 하나는 작은 잎 11~19장으로 이루어지며, 작은 잎 가장자리는 물결 모양이다.

꽃은 가지 끝에서 여럿이 줄지어 달리고(송이모양꽃차례), 아래로 늘어진다.

자라는 모양 ▶ 갈잎, 넓은잎, 덩굴나무
잎이 나는 모양 ▶ 깃꼴겹잎, 어긋나기
생식 기관 ▶ 암수한꽃

자생하기도 하지만, 대개 주변 쉼터에 그늘을 만들고자 많이 심는다. 서로 의견이 달라 부딪히는 상황을 뜻하는 낱말 '갈등(葛藤)'은 서로 다른 방향으로 감아 올라가는 칡(葛)과 등(藤)의 모습에서 유래했다고 알려진다. 그러나 왼쪽으로 감고 올라가는 칡과 달리, 등은 어느 한 방향을 가리지 않기 때문에 실제 생태는 낱말 유래와는 다르다.

꽃잎은 5장 (기판1+익판2+용골판2)이다. 기판은 무척 크고, 속에 녹황색 무늬가 있다.

용골판은 암술과 수술을 감싼다. 익판은 바깥쪽에서 용골판을 감싸듯이 굽어 있다. 꽃받침은 꽃잎 아래를 둘러싸며, 위아래로 깊게 갈라지고, 각 갈래는 다시 얕게 갈라진다.

수술은 10개이며, 암술은 1개이고, 끝이 모두 위로 굽는다.

열매(꼬투리) 겉면에 잔털이 촘촘해 보드랍다.

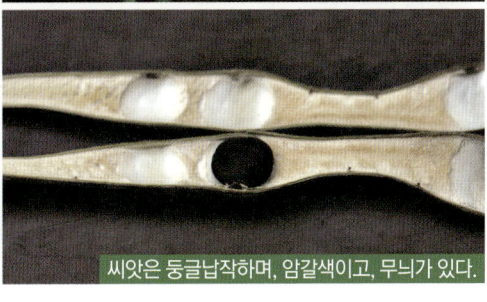

씨앗은 둥글납작하며, 암갈색이고, 무늬가 있다.

산초나무

Zanthoxylum schinifolium Siebold & Zucc.

운향과

자라는 모양 ▶ 갈잎, 넓은잎, 작은키나무
잎이 나는 모양 ▶ 깃꼴겹잎, 어긋나기
생식 기관 ▶ 암수딴그루

추어탕에 넣는 향신료가 바로 산초 가루로, 씨앗을 뺀 열매(산초) 껍질을 가루로 내어 쓴다. 산초나무를 비롯해 운향과에는 독특한 향이 나는 식물이 많다. 우리가 즐겨 먹는 귤, 오렌지, 자몽, 레몬 등도 운향과 식물이다. 비슷한 나무로는 '제피'로 더 많이 알려진 초피나무가 있다. 초피나무는 가시가 2개씩 마주나며, 남부 지방으로 갈수록 흔하다.

줄기와 가지에 껍질이 변한 가시가 있다. 초피나무와 비슷하지만 초피나무는 가시가 2개씩 나기 때문에 쉽게 구별된다.

잎 하나는 작은 잎 7~19장으로 이루어지며, 작은 잎은 가장자리에 얕은 톱니가 있다.

열매는 2~3개씩 분리열매로 나뉘고, 분리열매는 한쪽으로 벌어지며, 표면에 샘점이 있다.
씨앗은 검게 익으며, 광택이 난다.

꽃은 가지 끝에서 고른꽃차례로 달린다.
수그루의 수꽃은 꽃잎과 수술이 5개씩이다.

옻나무과

붉나무

Rhus chinensis Mill.

잔가지가 없어 끝가지가 굵으며, 적갈색이고, 겨울눈에 갈색 털이 촘촘하다. 잎자국이 겨울눈을 둘러싼다.

끝가지

잎 하나는 작은 잎 7~13장으로 이루어지며, 큰잎자루에 날개잎이 있다. 작은 잎은 위로 갈수록 커지고, 가장자리에 톱니가 있다.

자라는 모양 ▶ 갈잎, 넓은잎, 작은키나무 또는 중간키나무
잎이 나는 모양 ▶ 깃꼴겹잎, 어긋나기
생식 기관 ▶ 암수딴그루

'붉은 나무'라는 뜻이다. 일교차가 매우 큰 깊은 산 계곡에서 자라는 붉나무는 단풍이 아주 붉게 물든다. 붉나무 잎에 특정 진딧물이 기생해 생기는 벌레집을 '오배자'라고 하며, 이를 약재나 염료로 쓰인다.

꽃은 고깔모양꽃차례로 달리고, 하늘을 향한다.

수꽃은 꽃받침잎, 꽃잎, 수술이 5개씩이며, 꽃잎이 뒤로 젖혀지고 암술은 퇴화했다.

암꽃은 꽃받침잎과 꽃잎이 5개씩이며, 꽃잎은 뒤로 젖혀지지 않는다. 암술은 암술대가 세 갈래로 갈라지며, 수술은 퇴화했다.

열매는 씨열매이고, 익을 때 표면에 끈적이는 흰색 분비물이 생기지만 점점 사라진다. 익은 열매는 겉에 털과 샘털이 촘촘하며, 겨우내 매달려 있다.

개옻나무

Toxicodendron trichocarpum (Miq.) Kuntze

옻나무과

자라는 모양 ▸ 갈잎, 넓은잎, 작은키나무 또는 중간키나무
잎이 나는 모양 ▸ 깃꼴겹잎, 어긋나기
생식 기관 ▸ 암수딴그루

식물 이름에 붙는 '개'는 대개 '비슷한', '가짜', '쓸모없는'이라는 뜻으로 해석된다. 그러니까 개옻나무는 옻나무와 비슷하지만 옻나무는 아닌 나무라는 뜻으로 볼 수 있다. 옻나무는 옻칠용 유액을 얻으려고 재배하기 때문에 자생하는 종은 보기 힘들며, 우리가 주변에서 흔히 볼 수 있는 옻나무는 주로 개옻나무이다. 옻나무과 식물 유액 속에는 우루시올(urushiol)이라는 물질이 있고, 체질에 따라서는 이 물질에 알레르기 반응을 일으켜 발진(옻오름)이 생기기도 한다.

끝가지가 굵으며, 껍질눈이 갈색이고, 겨울눈에 갈색 털이 촘촘하다. 잎자국은 방패 모양이다.

잎은 마디사이가 짧아서 줄기 끝에 모여나는 것처럼 보이고, 큰잎자루가 붉은색이다. 잎 하나는 작은 잎 9~17장으로 이루어지며, 작은 잎은 위로 갈수록 커진다.

꽃은 고깔모양꽃차례로 달리고, 아래로 늘어진다. 수꽃은 꽃받침잎, 꽃잎, 수술이 5개씩이다.

열매는 씨열매이며, 겉에 가시 모양 털이 촘촘하고, 바깥열매껍질과 중간열매껍질이 쉽게 분리된다. 중간열매껍질은 흰색이며, 세로로 줄무늬가 있다.

단풍나무

Acer palmatum Thunb.

단풍나무과

껍질은 세로로 얇게 갈라진다.

잎은 5~7갈래로 갈라지며, 가장자리에 톱니가 있다.

자라는 모양 ▶ 갈잎, 넓은잎, 큰키나무
잎이 나는 모양 ▶ 홑잎, 마주나기
생식 기관 ▶ 수꽃암수한꽃한그루

'단풍'은 기온 저하로 나뭇잎이 붉거나 노랗게 변하는 현상 또는 그 잎을 가리킨다. 잎 속에는 초록색을 띠는 엽록소 외에 보조 색소도 들어 있다. 기온이 어느 정도 낮아져 엽록소가 파괴되면 보조 색소가 드러난다. 이때 보조 색소 종류에 따라 잎은 붉거나 노랗게 물든다. 기온이 더 떨어져 보조 색소까지 다 파괴되면 대부분 잎은 갈색으로 변한다.

꽃은 가지 끝에서 고른꽃차례로 달린다.

꽃받침잎과 꽃잎은 5장씩이다.
수술은 8개이며, 암술은 암술대가 두 갈래로 깊게 갈라진다. 씨방에 날개가 있다. 꿀샘은 황록색이며, 씨방과 수술 밑동을 둘러싸고 있다.

암술 수술 꽃받침잎
꿀샘
씨방 날개

날개열매
분리열매

열매는 자라면서
점점 커지며 날개열매가 된다.
날개열매가 2개로 나뉘는 분리열매이며,
둘 사이는 수평으로 벌어지고,
날개열매 각각은 갈라지지 않는다.

신나무·중국단풍

단풍나무과

Acer tataricum L. subsp. *ginnala* (Maxim.) Wesm. · *Acer buergerianum* Miq.

신나무

자라는 모양 ▶ 갈잎, 넓은잎,
중간키나무(신나무), 큰키나무(중국단풍)
잎이 나는 모양 ▶ 홑잎, 마주나기
생식 기관 ▶ 수꽃암수한꽃한그루

신나무는 주로 산지 계곡 근처에서 자란다. 대개 단풍나무과에 속하는 식물은 잎이 마주나며, 손바닥처럼 여러 갈래로 갈라진다. 그러나 신나무는 세 갈래 정도로만 갈라진다. 단풍나무과 식물 열매는 좌우대칭으로 막처럼 생긴 조직(날개)이 있어 '날개열매'라고 부른다. 날개열매는 바람을 타고 널리 퍼지기에 적합한 구조이다.

중국단풍

잎은 세 갈래로 갈라지며, 신나무는 잎 가장자리에 불규칙한 톱니가 있지만, 중국단풍은 톱니가 없다.

신나무 / 중국단풍

중국단풍. 중국단풍은 껍질이 세로로 벗겨지듯이 갈라지며, 신나무는 세로로 거칠게 갈라진다.

신나무. 꽃은 가지 끝에서 고깔모양꽃차례로 달린다. 꽃받침잎과 꽃잎은 5장씩이다. 수술은 8개이다. 신나무 암술은 암술대가 두세 갈래로 갈라지고, 중국단풍 암술은 암술대가 두 갈래로 갈라진다.

수술 / 암술대 / 씨방 / 꽃받침잎

열매는 날개열매 2개로 나뉘는 분리열매이며, 둘 사이는 좁게 벌어지고, 날개열매 각각은 갈라지지 않는다.

날개열매 / 분리열매

모감주나무

Koelreuteria paniculata Laxm.

무환자나무과

- 자라는 모양 ▶ 갈잎, 넓은잎, 중간키나무
- 잎이 나는 모양 ▶ 깃꼴겹잎어긋나기
- 생식 기관 ▶ 수꽃암수한꽃한그루

주로 바닷가에서 자라며, 군락이 천연기념물로 지정된 곳도 있다. 모감주나무 열매를 '목관자(木串子)'라고 부르며, 여기서 '관(串)'은 '꿰다'라는 뜻이다. 모감주나무 씨앗을 꿰어 염주로 만들었다는 기록이 많으니, 이런 쓰임새에서 비롯한 이름으로 보인다.

껍질은 세로로 얕게 갈라진다.

잎 하나는 작은 잎 7~17장으로 이루어지며, 작은 잎은 아랫부분이 깊게 갈라지고, 가장자리에 불규칙한 톱니가 있다.

꽃은 가지 끝에서 고깔모양꽃차례로 달린다.

수꽃

암수한꽃의 암술에서 자란 열매

암술
수술

꽃받침잎과 꽃잎은 4장씩이며, 꽃잎이 한쪽으로 치우친다.
꽃잎 밑동에 돌기가 있으며, 꽃잎 무늬는 노란색에서 점차 붉게 변한다.
수술은 8개이며, 수꽃에서는 길고, 암수한꽃에서는 짧다.
암술은 암술대가 길며, 끝이 세 갈래로 갈라지지만 벌어지지 않아 하나로 보인다.

열매는 풍선처럼 부풀어 오르며, 세 쪽으로 갈라지고, 씨앗은 갈래 조각마다 한두 개씩 달린다.

열매
씨앗

칠엽수과

칠엽수・가시칠엽수(마로니에)

Aesculus turbinata Blume · *Aesculus hippocastanum* L.

칠엽수

자라는 모양 ▶ 갈잎, 넓은잎, 큰키나무
잎이 나는 모양 ▶ 손꼴겹잎, 마주나기
생식 기관 ▶ 수꽃암수한꽃한그루

이름에서 알 수 있듯이 대개 작은 잎 5~7장이 손바닥처럼 달리며 큰 잎 한 장을 이룬다. 가시칠엽수는 칠엽수와 달리 열매 겉면에 가시가 있고, 프랑스어인 '마로니에'를 그대로 부르기도 한다. 공원이나 길가에 가로수로 많이 심으며, 대개 두 종이 섞여 있다.

칠엽수. 끝가지가 굵으며, 겨울눈 비늘에 끈적거리는 액체가 묻어 있다. 잎자국이 크고 방패처럼 생겼다.

잎 하나는 작은 잎 5~7장으로 이루어지며, 작은 잎은 위로 갈수록 넓어지고, 가장자리에 불규칙한 톱니가 있다.

가시칠엽수. 꽃은 가지 끝에서 고깔모양꽃차례로 달린다.

칠엽수. 꽃받침은 꽃잎 아래를 둘러싸며, 꽃잎은 4장이다. 꽃잎 무늬는 노란색에서 점차 붉게 변한다. 수술은 7개쯤이며, 암술은 암술대가 하나이고 끝이 모두 위로 약간 굽는다.

열매는 세 쪽으로 갈라지며, 가시칠엽수 열매 겉면에는 가시가 많다.

씨앗은 밤톨처럼 생겼다.

노박덩굴

Celastrus orbiculatus Thunb.

노박덩굴과

줄기로 감는 덩굴식물이다.

잎은 갈라지지 않으며, 둥글납작하고, 가장자리에 자잘한 톱니가 있다.

자라는 모양 ▶ 갈잎, 넓은잎, 덩굴나무
잎이 나는 모양 ▶ 홑잎, 어긋나기
생식 기관 ▶ 암수딴그루

노박덩굴과 식물의 씨앗은 대개 붉은색, 주황색 헛씨껍질에 싸여 있다. 헛씨껍질은 열매껍질 안쪽에 밑씨가 붙어 있던 자리나 밑씨자루의 조직이 변해 생기는 것으로, 열매껍질이 벌어져야 볼 수 있다. 헛씨껍질 색이 붉은색, 주황색인 것은 그래야 새의 눈에 잘 띄어 씨앗을 널리 퍼트릴 수 있기 때문이다.

꽃은 잎겨드랑이에 여러 개가 모여난다. 수꽃은 꽃받침잎, 꽃잎, 수술이 5개씩이며, 암술은 퇴화했다.

암꽃은 꽃받침잎과 꽃잎이 5개씩이며, 헛수술 5개가 있다. 암술은 암술대가 하나이고 약간 구부러지며, 암술머리는 세 갈래로 갈라진다.

열매는 세 쪽으로 갈라지며, 씨앗은 주황색 헛씨껍질 속에 들어 있다.

화살나무

Euonymus alatus (Thunb.) Siebold

노박덩굴과

줄기에 코르크질 날개가 있다.

자라는 모양 ▶ 갈잎, 넓은잎, 작은키나무
잎이 나는 모양 ▶ 홑잎, 마주나기
생식 기관 ▶ 암수한꽃

화살나무 줄기를 보면 코르크질 날개처럼 생긴 조직이 있고, 이 조직의 생김새가 화살 깃과 닮았다. 이름에 붙은 '화살'은 이런 생김새에서 비롯한 게 아닐까 싶다.

잎은 갈라지지 않으며, 가장자리에 자잘한 톱니가 있다. 붉게 단풍이 든다.

꽃은 고른우산살송이모양꽃차례로 달린다. 꽃받침잎, 꽃잎, 수술은 4개씩이며, 암술은 암술대가 하나이다.

수술 · 암술 · 꽃받침잎

열매는 분리열매이며, 각 분리열매는 한쪽으로 벌어지고, 씨앗은 주황색 헛씨껍질 속에 들어 있다.

분리열매

사철나무

Euonymus japonicus Thunb.

노박덩굴과

자라는 모양 ▶ 늘푸른잎, 넓은잎, 작은키나무 또는 중간키나무
잎이 나는 모양 ▶ 홑잎, 마주나기
생식 기관 ▶ 암수한꽃

조경용으로 많이 심는 늘푸른넓은잎나무이며, 자생하는 종은 남해안 섬 지역에서 특히 많이 볼 수 있다. 식재종은 대개 크기가 작지만, 자생지에서는 중간키나무로 자라는 나무도 많다.

줄기 윗부분에서 가지가 많이 갈라지며, 가지는 녹색이다.

잎은 두껍고 광택이 나며, 가장자리에 자잘한 톱니가 있다.

꽃은 잎겨드랑이에서 고른우산살송이모양꽃차례로 달린다. 꽃받침잎과 꽃잎은 4장씩이며, 꽃잎은 약간 뒤로 젖혀진다. 수술은 4개이며, 옆으로 퍼진다. 암술은 암술대가 하나이며, 수술보다 짧고 굵다. 꿀샘은 녹색이며, 씨방을 둘러싼다.

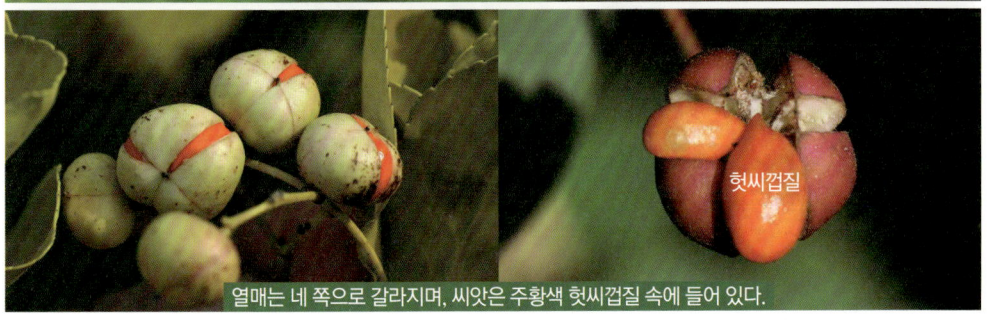
열매는 네 쪽으로 갈라지며, 씨앗은 주황색 헛씨껍질 속에 들어 있다.

회양목

회양목과

Buxus sinica (Rehder & E.H.Wilson) M.Cheng var. *insularis* (Nakai) M.Cheng

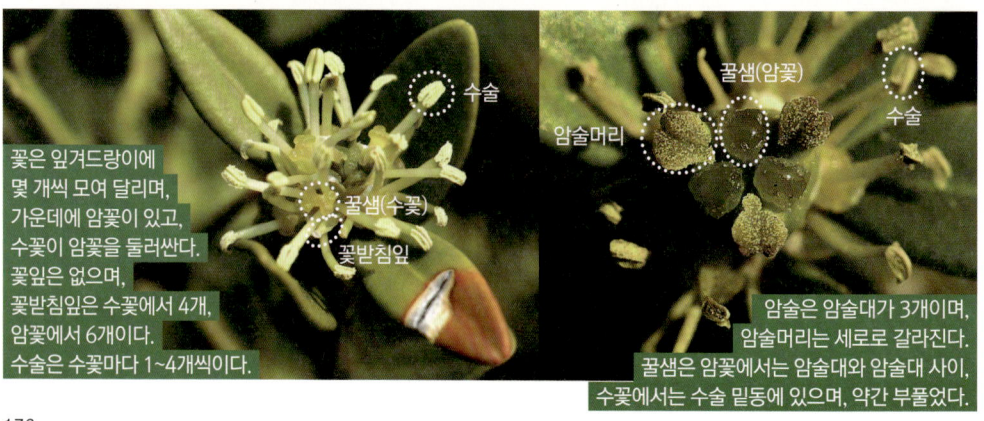

꽃은 잎겨드랑이에
몇 개씩 모여 달리며,
가운데에 암꽃이 있고,
수꽃이 암꽃을 둘러싼다.
꽃잎은 없으며,
꽃받침잎은 수꽃에서 4개,
암꽃에서 6개이다.
수술은 수꽃마다 1~4개씩이다.

암술은 암술대가 3개이며,
암술머리는 세로로 갈라진다.
꿀샘은 암꽃에서는 암술대와 암술대 사이,
수꽃에서는 수술 밑동에 있으며, 약간 부풀었다.

자라는 모양 ▶ 늘푸른잎, 넓은잎, 작은키나무
잎이 나는 모양 ▶ 홑잎, 마주나기
생식 기관 ▶ 암수한그루

석회암이 많은 지역에서 자생하는 늘푸른넓은잎나무다. 공원, 정원 등에 조경용으로 심는 나무가 대개 왜소해서 수명이 짧을 듯하지만, 천연기념물로 지정된 나무도 있을 만큼 수명이 길다. 수꽃이 암꽃보다 먼저 핀다.

줄기 위쪽에서 가지가 많이 갈라지며, 끝가지는 네모꼴이다. 잎은 두껍고 광택이 난다. 잎 가장자리는 밋밋하고, 끝이 오목하다.

암술대

열매

열매는 주로 세 쪽으로 갈라지며, 뿔처럼 생긴 돌기가 있고, 갈라진 모습이 올빼미를 닮았다.

씨앗은 길쭉하고 각이 지며 빛난다.

대추나무

Ziziphus jujuba var. *inermis* (Bunge) Rehder

갈매나무과

껍질은 세로로 거칠게 갈라진다.

자라는 모양 ▶ 갈잎, 넓은잎, 중간키나무
잎이 나는 모양 ▶ 홑잎, 어긋나기
생식 기관 ▶ 암수한꽃

대추나무 종류 중에서 우리나라에 자생하는 종은 갯대추나 묏대추이나, 제한된 곳에서만 자란다. 우리가 주변에서 흔히 보는 대추나무는 열매를 얻으려고 재배하는 종이다. 열매 한가운데에 있는 길쭉하고 딱딱한 것은 속껍질이 변한 핵이며, 진짜 씨앗은 핵 속에 있다.

가지에 턱잎이 변한 가시가 한 쌍 있다.

꽃받침잎과 꽃잎은 각각 5장이며, 꽃받침잎이 꽃잎에 비해 매우 크고, 모두 옆으로 펴진다. 수술은 5개이며, 꽃잎과 같은 줄에 있다. 암술은 암술대가 짧으며, 2개로 갈라진다. 꿀샘은 씨방과 수술 사이에 있으며, 고리 모양이다.

잎은 갈라지지 않으며, 뚜렷한 잎맥이 3개 있고, 가장자리에 둔한 톱니가 있다. 꽃은 잎겨드랑이에서 모여 달린다.

열매는 씨열매이며, 핵(속껍질)은 한쪽이 길게 뾰족하다.

포도과

개머루

Ampelopsis glandulosa (Wall.) Momiy var. *brevipedunculata* (Maxim.) Momiy

덩굴손이 있는 덩굴성 식물이다.
덩굴손은 잎과 마주나며,
2~4갈래로 갈라진다.

잎은 3~5갈래로 갈라지며, 뒷면 잎맥을 따라 털이 있다.

자라는 모양 ▶ 갈잎, 넓은잎, 덩굴나무
잎이 나는 모양 ▶ 홑잎, 어긋나기
생식 기관 ▶ 암수한꽃

덩굴식물은 줄기로 다른 물체를 감거나, 덩굴손이 있거나, 다른 물체에 붙어 자라는 식물을 가리킨다. 이름에 '머루'가 들어가는 식물은 덩굴손이 있는 종류다. 덩굴손은 잎의 일부 또는 전체가 변한 것이고, 종류에 따라서는 턱잎이 변해 생기기도 한다. 개머루는 다른 머루 종류와 달리 열매를 먹지 않는다. 열매 사이에 열매처럼 보이는 벌레집이 섞여 있기도 하다.

꽃은 잎과 마주나는 고른우산살송이모양꽃차례로 달린다.

꽃받침잎과 꽃잎은 각각 5장이며, 꽃잎이 옆으로 펴지거나 약간 뒤로 말린다. 수술은 5개이며, 꽃잎과 같은 줄에 있고, 암술은 암술대가 짧다. 꿀샘은 씨방과 수술 사이에 있으며, 골이 있는 컵 모양이다.

꽃받침잎

열매는 파란색과 보라색으로 익으며, 반짝반짝하다.

포도과

왕머루
Vitis amurensis Rupr.

덩굴손이 있는 덩굴성 식물이다.
덩굴손은 잎과 마주나며, 2~3갈래로 갈라진다.

잎은 3~5갈래로 갈라지며,
어릴 때는 뒷면에 거미줄 같은
털이 있다가 자라면서 없어진다.

자라는 모양 ▶ 갈잎, 넓은잎, 덩굴나무
잎이 나는 모양 ▶ 홑잎, 어긋나기
생식 기관 ▶ 수꽃암수한꽃딴그루

다른 머루 종류에 비해 잎이 크다. 흔히 산에서 자라는 포도과 식물을 '머루'라고 부르는데 실제 '머루'라는 종은 남부 지방에서만 자란다. 그래서 전국에서 흔히 보이는 '머루'는 대개 왕머루일 가능성이 크다.

꽃은 잎과 마주나는 고깔모양꽃차례로 달린다.

꽃받침잎과 꽃잎은 각각 5장이지만, 꽃받침잎은 거의 흔적만 있고, 꽃잎은 윗부분이 합쳐져 아래로 향한다. 수술은 5개이며, 가늘고 길다. 꿀샘은 수술 밑동 사이에 있다.

꿀샘

꽃잎

수술

포도과

새머루
Vitis flexuosa Thunb.

잎은 갈라지지 않으며, 가장자리에 불규칙한 톱니가 있고, 끝이 길게 뾰족하다.

덩굴손이 있는 덩굴성 식물이다.
덩굴손은 잎과 마주나며, 2개쯤으로 갈라진다.

자라는 모양 ▶ 갈잎, 넓은잎, 덩굴나무
잎이 나는 모양 ▶ 홑잎, 어긋나기
생식 기관 ▶ 수꽃암수한꽃딴그루

개머루를 제외하고 이름에 머루가 들어가는 식물 열매는 대부분 먹을 수 있다. 포도와 비슷하게 생겨 산포도로 부르기도 한다. 새머루는 남부 지방으로 갈수록 많지만 중부 지방 해안가에서도 흔히 보인다. 다른 머루 종류와 달리 잎이 갈라지지 않고 세모꼴일 때가 많다.

꽃은 잎과 마주나는 고깔모양꽃차례로 달린다.

열매는 포도송이처럼 달린다.

포도과

담쟁이덩굴

Parthenocissus tricuspidata (Siebold & Zucc.) Planch.

줄기 / 공기뿌리 / 흡반

덩굴성 식물이다. 줄기에 공기뿌리가 나며, 다른 물체에 잘 붙을 수 있도록 덩굴손 끝에는 원반처럼 생긴 흡반이 있다.

자라는 모양 ▶ 갈잎, 넓은잎, 덩굴나무
잎이 나는 모양 ▶ 홑잎 또는 삼출겹잎, 어긋나기
생식 기관 ▶ 암수한꽃

산지에도 많지만 해안가 바위 지대나 섬 지역에서는 어디에서나 보인다. 덩굴손 끝에 '흡반'이라고 하는 부착 기관이 있어 다른 물체에 붙어 자란다. 소나무에 붙어 자란 오래된 담쟁이덩굴을 '송담'이라고 하며, 약재로도 쓴다.

잎 하나는 홑잎 또는 작은 잎 3장으로 이루어진다.

꽃은 짧은가지 끝에서 고른우산살송이모양꽃차례로 달린다. 꽃받침잎은 거의 흔적만 있고, 꽃잎은 5장쯤이며, 뒤로 젖혀진다. 수술은 5개쯤이며, 암술은 암술대가 하나이고 짧다. 꿀샘은 씨방을 둘러싼다.

열매는 진한 군청색이며, 송이 모양으로 달린다.

씨앗은 각진 달걀 모양이며, 반짝반짝 빛난다.

아욱과

무궁화
Hibiscus syriacus L.

자라는 모양 ▶ 갈잎, 넓은잎, 작은키나무 또는 중간키나무
잎이 나는 모양 ▶ 홑잎, 어긋나기
생식 기관 ▶ 암수한꽃

우리나라를 상징하는 나라꽃이고, 우리나라에 들어온 시기를 최소 2,000년 전으로 볼 만큼 역사가 깊지만 자연에서 스스로 자라는 종은 없다. 주변에 심은 원예품종들이 왜소해서 작은키나무처럼 보이지만 간혹 4~5m까지 자라는 나무도 있다.

잎은 세 갈래로 갈라지며, 가장자리에 굵은 톱니가 있다.

꽃은 새로운 가지 잎겨드랑이에 하나씩 달린다. 꽃잎은 5장이며, 끝이 고르지 않고, 밑동이 붉다.

꽃받침은 두 줄이며, 안쪽은 꽃잎을 둘러싸고, 다섯 갈래로 갈라진다. 바깥꽃받침잎은 5개이며, 줄 모양이다. 수술은 여러 개이며, 수술대 밑동이 하나로 뭉쳐 수술통을 이루면서 암술대를 감싼다. 암술은 암술대가 수술통 밖으로 나오고, 암술머리가 다섯 갈래로 갈라지며, 각 갈래 끝에는 털이 촘촘하다.

열매는 끝부분이 뾰족하고, 나중에 다섯 쪽으로 벌어진다.

씨앗은 납작하며, 가장자리를 따라 기다란 털이 촘촘하다.

보리수나무

Elaeagnus umbellata Thunb.

보리수나무과

줄기에 가지가 변한 큰 가시가 있다.

잎은 갈라지지 않는다.
잎자루와 잎 뒷면에 은회색 비늘털이 촘촘하고,
갈색 털이 점 모양으로 흩어져 있다.

자라는 모양 ▶ 갈잎, 넓은잎, 작은키나무 또는 중간키나무
잎이 나는 모양 ▶ 홑잎, 어긋나기
생식 기관 ▶ 암수한꽃

보리수나무를 흔히 석가모니가 그 아래서 깨달음을 얻은 나무라고 생각한다. 그러나 그런 이유로 불교에서 숭상하는 나무는 사실 '인도보리수'이며, 우리나라에서 볼 수 있는 보리수나무하고는 아주 거리가 멀다. 또한 우리나라 사찰에서는 열매껍질이 나무처럼 딱딱해서 염주를 만들 수 있는 피나무속(*Tilia*) 식물을 주로 심고, 이를 보리수나무로 부르기도 한다.

꽃은 잎겨드랑이에 1~6개씩 모여난다.

꽃잎은 없으며, 꽃받침이 통 모양이고, 끝이 네 갈래로 갈라진다.
꽃받침
씨방이 든 부분

수술
암술대
씨방이 든 부분
수술은 4개이며, 꽃받침통 끝에 붙어 있다. 암술은 암술대가 하나이며, 씨방은 꽃받침통 아래쪽 잘록한 곳에 들어 있다.

열매는 표면에 비늘털이 있다.

배롱나무

Lagerstroemia indica L.

부처꽃과

- 자라는 모양 ▶ 갈잎, 넓은잎, 중간키나무
- 잎이 나는 모양 ▶ 홑잎, 마주나기
- 생식 기관 ▶ 암수한꽃

붉은 꽃이 백 일 동안 피는 나무라는 뜻으로 '목백일홍'이라고도 부른다. 특히 중부 이남 지역에는 가로수로 많이 심기 때문에 한여름에도 오랫동안 꽃을 볼 수 있다. 천연기념물로 지정된 나무가 있을 만큼 역사도 깊다.

잎은 갈라지지 않으며, 가장자리에 톱니가 없다.

꽃은 가지 끝에서 소복하니 모여 달린다 (고깔모양꽃차례).

껍질은 조각으로 떨어져 줄기에 얼룩무늬가 생긴다.

꽃잎은 6장이고, 위쪽은 꼭 파마한 것처럼 구불거리고 밑동은 실처럼 가늘다. 꽃받침은 아래는 통 같고, 위쪽은 6개로 갈라진다. 수술은 안쪽과 바깥쪽 생김새와 개수가 다르다. 바깥쪽 수술은 6개이며, 안쪽 수술보다 길고 안으로 굽는다. 암술은 암술대가 하나이다.

안쪽 수술
꽃받침
바깥쪽 수술

열매는 여섯 쪽으로 갈라진다.

씨앗에 날개가 있다.

흰말채나무

Cornus alba L.

층층나무과

줄기와 가지가 붉은색이며, 반짝반짝하다. 잎은 갈라지지 않으며, 가장자리에 톱니가 없고, 곁맥은 4~5쌍이다.

곁맥

수술
암술
꿀샘

자라는 모양 ▶ 갈잎, 넓은잎, 작은키나무
잎이 나는 모양 ▶ 홑잎, 마주나기
생식 기관 ▶ 암수한꽃

원산지는 북한 지역으로 알려진다. 이름만 보고서 '흰' 말채나무로 생각할 수 있지만, 말채나무는 큰키나무로 크기부터가 흰말채나무와 다르다. 말채는 말채찍을 뜻하며, 아마도 가늘고 길며 질긴 가지가 말채찍으로 쓰기에 알맞아 이런 이름이 붙은 듯하다.

열매는 씨열매이며, 다른 열매들의 색깔과 다르게 흰색이다.

꽃은 가지 끝에서 고른꽃차례로 달린다.
꽃받침은 통 모양이며, 끝이 얕게 네 갈래로 갈라지고, 겉에 털이 많다.
꽃잎은 4장(가끔 6장)이다.
수술은 4개(가끔 6개)이다.
암술은 암술대가 하나이다
꿀샘은 암술대 밑동을 둘러싼다.

수술
암술
꽃받침

핵(속껍질)은 세로로 흰색 줄이 있다.

산딸나무

Cornus kousa Burger ex Hance

층층나무과

자라는 모양 ▶ 갈잎, 넓은잎, 큰키나무
잎이 나는 모양 ▶ 홑잎, 마주나기
생식 기관 ▶ 암수한꽃

열매가 산딸기와 닮았고 이름도 산딸기와 비슷하지만, 장미과 식물인 산딸기와는 전혀 상관이 없다. 산딸나무의 특징은 잎이 변형되어 생긴 큰꽃싸개다. 대개 꽃 하나를 기준으로 꽃받침 바깥에 있으면 꽃싸개, 꽃차례를 받치고 있으면 큰꽃싸개로 구분하며, 큰꽃싸개 낱낱은 큰꽃싸개잎이라 한다. 꽃잎과 꽃받침이 없는 식물에서는 꽃싸개가 둘의 역할을 대신하는 일이 많다.

잎은 갈라지지 않으며, 가장자리가 구불구불하고, 잎 끝은 길게 뾰족하다. 곁맥이 4~5쌍으로 뚜렷하다.

꽃은 매우 작으며 줄기 끝에 하나하나가 촘촘히 달려 마치 한 덩어리를 이룬다(머리모양꽃차례). 큰꽃싸개잎은 4장이며, 꽃잎처럼 생겼다.

씨방 하나하나는 씨열매로 자라며, 씨열매가 여러 개 모여 공 하나처럼 달린다(모임열매).

꽃잎은 4장이며, 뒤로 젖혀진다. 꽃받침은 통 모양이며, 씨방과 뭉친다. 수술은 4개이다. 암술은 암술대가 하나이다.

핵(속껍질)은 모양이 제각각이다.

산수유

Cornus officinalis Siebold & Zucc.

층층나무과

자라는 모양 ▶ 갈잎, 넓은잎, 중간키나무
잎이 나는 모양 ▶ 홑잎, 마주나기
생식 기관 ▶ 암수한꽃

옛날에는 한약재로 쓰임이 있어 많이 재배했는데 요즘은 관상용으로서 가치가 더욱 높다. 이른 봄에 노란 꽃이 먼저 피기 때문에 생강나무와 헷갈릴 수 있지만 잎과 열매 모양이 전혀 다르다. 공원이나 길가에서 보이는 종은 대부분이 산수유다.

껍질은 불규칙하게 조각으로 떨어진다.

잎은 갈라지지 않으며, 가장자리에 톱니가 없고, 끝은 길게 뾰족하다. 곁맥이 4~7쌍으로 뚜렷하며, 뒷면 잎맥 사이에 갈색 털이 촘촘하다.

꽃은 이른 봄에 잎보다 먼저 피며, 가지 끝에 우산모양꽃차례로 달리고, 모두 하늘을 향해 핀다.

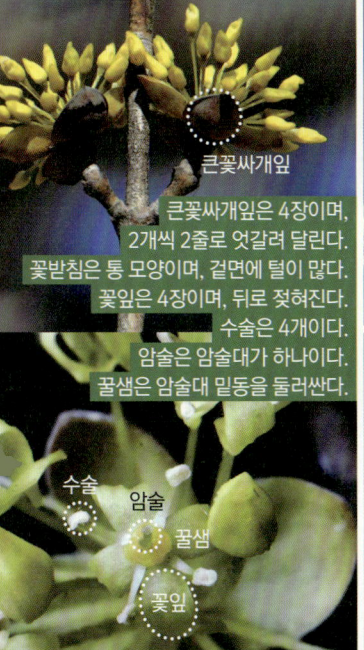

큰꽃싸개잎은 4장이며, 2개씩 2줄로 엇갈려 달린다. 꽃받침은 통 모양이며, 겉면에 털이 많다. 꽃잎은 4장이며, 뒤로 젖혀진다. 수술은 4개이다. 암술은 암술대가 하나이다. 꿀샘은 암술대 밑동을 둘러싼다.

열매는 씨열매이며, 속에 길쭉한 핵이 들어 있다.

두릅나무과

두릅나무
Aralia elata (Miq.) Seem.

가지에 크고 뾰족한 가시가 많으며 잎자국은 목걸이처럼 생겼다. 잎자국 안에 관다발 자국이 가지런하게 있다.

잎 하나는 작은 잎 여러 장으로 이루어지며, 작은 잎 가장자리에 불규칙한 톱니가 있다.

자라는 모양 ▶ 갈잎, 넓은잎, 작은키나무 또는 중간키나무
잎이 나는 모양 ▶ 2회깃꼴겹잎, 어긋나기
생식 기관 ▶ 수꽃암수한꽃한그루

산기슭 햇빛이 잘 드는 곳에 자라며, 척박한 땅에서도 비교적 잘 자란다. 잔가지가 없기 때문에 끝까지가 굵다. 봄철에 먹는 산나물 '두릅'은 두릅나무의 새순이다. 두릅나무는 줄기뿐만 아니라 잎에도 가시가 많고, 가시는 금방 억세어지기 때문에 잎이 새순에서 조금만 자라도 먹을 수 없다.

꽃은 가지 끝에서 겹우산모양꽃차례로 달린다.

작은 잎이 달리는 자리마다 위아래로 가시가 있으며, 큰잎자루 밑동이 부풀었다.

열매는 검게 익으며, 작고 공 모양이다.

음나무

Kalopanax septemlobus (Thunb.) Koidz.

두릅나무과

자라는 모양 ▶ 갈잎, 넓은잎, 큰키나무
잎이 나는 모양 ▶ 홑잎, 어긋나기
생식 기관 ▶ 수꽃암수한꽃한그루

내륙에서도 자라지만 섬 지역에서 특히 많이 자란다. 주술적 의미에서 집에 심는 일이 많아 예전에는 마당에 음나무가 있는 집이 많았다. '엄나무'라고 하며 약재로도 썼고, 나물로 먹는 '개두릅'은 음나무 새순을 가리킨다.

줄기와 가지에 크고 뾰족한 가시가 많으며, 줄기가 오래되면 껍질은 세로로 갈라지고, 가시는 없어진다.

잎은 단풍잎과 비슷하며, 5~7갈래로 갈라지고, 가장자리에 불규칙한 톱니가 있다.

꽃 하나하나는 우산모양꽃차례로 달리며, 우산모양꽃차례는 다시 고른우산살송이모양꽃차례로 달린다.

진달래

Rhododendron mucronulatum Turcz.

진달래과

잎은 갈라지지 않으며, 가장자리에 톱니가 없고, 뒷면에 비늘털이 촘촘하다.

비늘털

꽃은 가지 끝에 1~5개씩 모여나며, 잎보다 먼저 핀다.

자라는 모양 ▶ 갈잎, 넓은잎, 작은키나무
잎이 나는 모양 ▶ 홑잎, 어긋나기
생식 기관 ▶ 암수한꽃

잎이 나기 전에 꽃이 피기 때문에 이른 봄이면 온 산이 진달래 분홍빛으로 물든다. 철쭉과 비슷하지만 꽃이 피는 시기, 꽃 색깔, 잎 모양 등이 서로 다르다. 참고로 진달래는 4월 초순부터 많이 피며, 철쭉은 4월 말이나 5월 초부터 피는 일이 많다.

꽃갓은 넓고 끝이 주름지며 다섯 갈래로 갈라진다. 위쪽 한가운데에 무늬가 있다.
꽃받침은 다섯 갈래로 얕게 갈라지며, 비늘털과 긴 털이 있다.
수술은 10개이며, 길이가 다양하고, 끝이 무늬가 있는 꽃 안쪽으로 굽는다. 암술은 암술대가 하나이고 수술보다 길며, 끝이 무늬가 있는 꽃 안쪽으로 굽는다.

열매는 네다섯 쪽으로 갈라진다.

씨앗은 납작하며, 달걀 모양이다.

철쭉

Rhododendron schlippenbachii Maxim.

진달래과

잎은 마디사이가 짧아 가지 끝에 돌려나는 것처럼 보이며, 잎 위쪽이 넓고, 끝이 오목하다.

꽃은 가지 끝에 3~7개씩 모여나고, 잎과 같이 핀다.

자라는 모양 ▶ 갈잎, 넓은잎, 작은키나무
잎이 나는 모양 ▶ 홑잎, 어긋나기
생식 기관 ▶ 암수한꽃

잎과 꽃이 같이 달리는 점은 산철쭉과 비슷하지만 산철쭉보다 더 꽃이 크고 색깔이 분홍색이며, 잎 끝이 둥글다. 주로 산 능선이나 정상에서 많이 자란다. 진달래, 산철쭉과 달리 크게 자라서 간혹 3~5m쯤 되는 중간키나무도 보인다.

꽃갓은 넓고 끝이 주름지며 다섯 갈래로 갈라진다. 위쪽 한가운데에 무늬가 있다. 꽃받침은 다섯 갈래로 깊게 갈라지며, 꽃자루와 함께 샘털이 있다. 수술은 10개이며, 수술대 밑동에 털이 많고, 끝이 무늬가 있는 꽃 안쪽으로 굽는다. 암술은 암술대가 하나이고, 수술보다 길며, 끝이 무늬가 있는 꽃 안쪽으로 굽는다.

암술 / 수술 / 꽃받침

열매는 다섯 쪽으로 갈라지고, 겉에 샘털이 많다.

산철쭉

진달래과

Rhododendron yedoense Maxim. f. *poukhanense* (H.Lév.) Sugim. ex T.Yamaz.

잎은 마디사이가 짧아 가지 끝에 돌려나는 것처럼 보이며, 잎 양면에 갈색 털이 있다.

꽃은 가지 끝에 2~3개씩 모여나고, 잎과 같이

자라는 모양 ▶ 갈잎, 넓은잎, 작은키나무
잎이 나는 모양 ▶ 홑잎, 어긋나기
생식 기관 ▶ 암수한꽃

이름에 철쭉이 들어가지만 생김새는 진달래와 더 비슷하다. 대개 진달래꽃이 진 후에 잎과 꽃이 같이 달린다. 도심 지역 공원이나 길가에 대량으로 심긴 종은 대부분 산철쭉이다.

꽃갓은 넓고 끝이 주름지며 다섯 갈래로 갈라진다. 위쪽 한가운데에 무늬가 있다. 꽃받침은 다섯 갈래로 깊게 갈라지며, 긴 털이 촘촘하다.
수술은 10개이며, 수술대 밑동에 털이 많고, 끝이 무늬가 있는 꽃 안쪽으로 굽는다.
암술은 암술대가 하나이고 수술보다 길며, 끝이 무늬가 있는 꽃 안쪽으로 굽는다.

열매는 다섯 쪽으로 갈라지고, 겉에 털이 많다.

감나무

Diospyros kaki L.f.

감나무과

자라는 모양 ▶ 갈잎, 넓은잎, 큰키나무
잎이 나는 모양 ▶ 홑잎, 어긋나기
생식 기관 ▶ 수꽃암수한꽃딴그루

씨앗으로 번식한 나무의 열매(감)는 크기가 작기 때문에 우리가 먹는 '감'은 대부분 접목한 나무에서 달린 열매다. 감나무를 한자말로는 '시(柿)'라고 한다. 그래서 감 상태에 따라 부르는 이름(홍시, 연시, 반시 등)에도 '시'자가 붙는다.

껍질은 잘게 조각으로 갈라지며, 끝가지에 갈색 털이 촘촘하다.

수꽃은 3~5개씩 모여나며, 암수한꽃은 하나씩 달린다.
꽃갓은 네 갈래로 갈라지며, 수꽃에 비해 암수한꽃이 크다.
꽃받침은 네 갈래로 깊게 갈라지며, 암수한꽃 꽃받침이 훨씬 크다.

꽃받침 갈래는 암수한꽃에서는 넓고, 수꽃에서는 길다.
수꽃 수술은 16~24개이며, 암수한꽃 수술은 8개이다.
암수한꽃 암술은 암술대가 네 갈래로 갈라지고, 각 갈래는 또다시 갈라진다.
수꽃에서는 암술이 퇴화했다.

잎은 갈라지지 않으며, 가장자리에 톱니가 없고, 끝이 돌기처럼 뾰족하다.

열매(감)는 씨방이 자란 물열매이며, 열매 속에 방이 8개 있다.

씨앗은 납작한 달걀모양이며, 반짝반짝 빛난다. 품종에 따라 씨앗이 길쭉할 때도 있다.

고욤나무

Diospyros lotus L.

감나무과

자라는 모양 ▶ 갈잎, 넓은잎, 큰키나무
잎이 나는 모양 ▶ 홑잎, 어긋나기
생식 기관 ▶ 암수딴그루

열매(고욤)는 감처럼 생겼는데 대추 정도 크기이며, 꽃도 감나무 꽃과 닮았으나 크기가 더 작다. 감나무와 달리 끝가지에 털이 없다. 흔히 감나무를 접붙일 때 대목으로 쓰지만, 천연기념물로 지정된 고목도 있다.

껍질은 감나무에 비해 얕게 갈라지며, 끝가지에 털이 없다.

수꽃은 1~3개씩 모여나며, 암꽃은 하나씩 달린다.
꽃갓은 주로 네 갈래로 갈라지지만 5~6개로 갈라지기도 하며, 각 갈래는 뒤로 완전히 젖혀진다.
꽃받침은 네 갈래로 깊게 갈라지며, 암꽃 꽃받침 갈래가 수꽃에 비해 크고 넓다.

수꽃 수술은 16개쯤이며, 암꽃 수술은 8개가 있지만 퇴화했다.
암꽃 암술은 암술대가 네 갈래로 갈라지고, 밑동에서는 하나로 뭉친다. 수꽃 암술은 퇴화했다.

잎은 갈라지지 않으며, 가장자리에 톱니가 없고, 끝이 길게 뾰족하다.

열매(고욤)는 동글동글하고 주홍빛으로 익는다.

때죽나무

Styrax japonicus Siebold & Zucc.

때죽나무과

자라는 모양 ▶ 갈잎, 넓은잎, 중간키나무
잎이 나는 모양 ▶ 홑잎, 어긋나기
생식 기관 ▶ 암수한꽃

때죽나무를 비롯해 숲에서 자라는 많은 식물은 꽃이 땅을 향해 핀다. 꽃가루받이를 도와주는 곤충을 천적에게서 보호하려는 전략이다. 간혹 진딧물 애벌레가 잎에다 모란 열매처럼 생긴 벌레집을 만들기도 한다.

줄기는 매끈하다.

잎은 갈라지지 않으며, 가장자리에 얕은 톱니가 있고 끝이 뾰족하다.

꽃은 가지 끝에 여럿이 줄지어 달리며(송이모양꽃차례), 모두 아래를 향해 핀다.

꽃갓

꽃갓은 다섯 갈래로 깊게 갈라진다. 꽃받침은 5~8갈래로 얕게 갈라진다. 수술은 10개이고, 수술대는 밑동에서 서로 뭉쳐 꽃갓에 붙어 있기 때문에 꽃이 떨어질 때 통째로 떨어진다. 암술은 암술대가 하나이며, 수술보다 길다.

열매는 회백색으로 익으며, 잔털이 촘촘하다.

씨앗은 둥글며, 진한 갈색이다.

꽃받침

쪽동백나무

Styrax obassis Siebold & Zucc.

때죽나무과

줄기는 매끈하며,
끝까지 껍질이 통째로 벗겨진다.
겨울눈에 갈색 털이 촘촘하다.

잎은 동그랗고,
가장자리에 있는 톱니는 위로 갈수록 커진다.

자라는 모양 ▶ 갈잎, 넓은잎, 중간키나무 또는 큰키나무
잎이 나는 모양 ▶ 홑잎, 어긋나기
생식 기관 ▶ 암수한꽃

한국, 중국, 일본을 비롯한 동북아시아에서만 자라는 것으로 알려진다. 줄기 생김새가 때죽나무와 비슷하지만 잎이 매우 크고 끝가지가 벗겨지는 점이 다르다. 한자말로는 '옥령화(玉鈴花)'라고 한다. 구슬 같은 열매가 방울방울 달리는 모습에서 비롯한 이름으로 볼 수 있다.

꽃은 가지 끝에서 송이모양꽃차례로 달리며, 모두 아래를 향해 핀다. 꽃갓은 다섯 갈래로 깊게 갈라진다. 꽃받침은 다섯 갈래로 얕게 갈라진다. 수술은 10개이며, 암술은 암술대가 하나이다.

씨앗은 둥글며, 진한 갈색이다.

열매는 회백색으로 익으며, 잔털이 촘촘하다.

이팝나무

Chionanthus retusus Lindl. & Paxton

물푸레나무과

자라는 모양 ▶ 갈잎, 넓은잎, 큰키나무
잎이 나는 모양 ▶ 홑잎, 마주나기
생식 기관 ▶ 수꽃암수한꽃딴그루

속명(*Chionanthus*)은 눈꽃이라는 뜻으로, 꽃이 만발할 때는 나무 전체가 흰 눈이 덮인 것처럼 하얗다. 우리나라에서는 자생하기도 하고(남부 지방), 전국 곳곳에 가로수로도 많이 심기에 꽤 흔하지만 세계적으로 보면 우리나라를 비롯해 중국, 대만, 일본 등에서만 자라는 희귀한 식물이다.

잎은 갈라지지 않으며, 가장자리에 톱니가 없다.

꽃은 가지 끝에 수북하니 모여 달려(고깔모양꽃차례) 나무 전체가 흰색으로 보이기도 한다.

꽃갓
꽃받침
꽃갓은 밑동 근처까지 네 갈래로 깊게 갈라져서 갈래꽃으로 헷갈릴 수 있다.

암술은 암수한꽃에 달리며, 암술대가 거의 없고, 암술머리가 둥글다.

열매는 씨열매이며, 핵은 럭비공처럼 생겼고, 양 끝이 뾰족하다.

꽃받침은 네 갈래로 깊게 갈라진다. 수술은 2개이며, 꽃잎 통에 들어 있다.

개나리

Forsythia koreana (Rehder) Nakai

물푸레나무과

줄기는 밑동에서 여러 개가 올라오며, 가지는 활처럼 휘는 경우가 많다.

잎 가장자리에 있는 톱니는 위에서 2/3쯤까지 있으며, 잎 끝은 뾰족하다.

꽃은 잎겨드랑이에서 1~3개씩 달리며, 잎보다 꽃이 먼저 핀다. 꽃갓과 꽃받침 모두 네 갈래로 깊게 갈라진다.

자라는 모양 ▶ 갈잎, 넓은잎, 작은키나무
잎이 나는 모양 ▶ 홑잎, 마주나기
생식 기관 ▶ 암수한꽃

이른 봄에 꽃이 먼저 피어 진달래와 더불어 봄을 알리는 대표 식물이다. 종소명(*koreana*)에서 알 수 있듯이 한반도 고유종이지만 알려진 자생지가 많지 않으며, 우리 주변에서 보이는 종류는 대부분 식재종이다. 개체에 따라 암술대가 긴 꽃과 수술대가 긴 꽃이 따로따로 달리며, 꽃 개수에 비해 열매는 매우 드물게 달린다.

수술은 2개이다. 암술대가 길면 수술대는 짧고, 암술대가 짧으면 수술대가 길다. 수술대는 꽃잎 밑동에 붙는다. 암술은 암술대가 하나이며, 암술머리는 두 갈래이다.

열매는 익으면 두 쪽으로 벌어진다.

씨앗은 납작하고 길쭉하다.

쥐똥나무

물푸레나무과

Ligustrum obtusifolium Siebold & Zucc.

자라는 모양 ▶ 갈잎, 넓은잎, 작은키나무
잎이 나는 모양 ▶ 홑잎, 마주나기
생식 기관 ▶ 암수한꽃

열매가 쥐똥과 닮아서 이런 이름이 붙었으며, 꽃향기가 매우 진하다. 쥐똥나무를 비롯해 물푸레나무과 식물은 꽃갓이 네 갈래로 갈라지며 수술이 2개인 것이 특징이다.

잎은 갈라지지 않으며, 가장자리에 톱니가 없다.

꽃은 가지 끝에 수북하니 모여 달린다(고깔모양꽃차례).

꽃갓은 길쭉하고 네 갈래로 갈라진다. 꽃받침은 톱니처럼 얕게 갈라진다. 수술은 2개이며, 수술대는 짧고, 꽃갓 통 입구에 붙는다. 암술은 암술대가 하나이며, 암술대가 꽃갓 중간까지만 뻗어 밖에서는 잘 보이지 않는다.

수술

암술

열매는 씨열매이며, 검은색으로 익는다.
핵(속껍질)에는 원두처럼 가운데에 세로 홈이 있다.

223

서양수수꽃다리(라일락)

물푸레나무과

Syringa vulgaris L.

잎은 갈라지지 않으며, 가장자리에 톱니가 없고, 끝이 길게 뾰족하다.

꽃은 가지 끝에 수북하니 모여 달리고(고깔모양꽃차례), 잎보다 꽃이 먼저 핀다. 꽃받침은 작으며, 끝이 네 갈래로 갈라진다.

꽃받침

자라는 모양 ▶ 갈잎, 넓은잎, 작은키나무
잎이 나는 모양 ▶ 홑잎, 마주나기
생식 기관 ▶ 암수한꽃

수수꽃다리속(Syringa)에 속하는 식물을 모두 일컬어 라일락이라 부르기도 한다. 가장 널리 재배되는 종류가 서양수수꽃다리이며, 품종이 다양하다. 이 중에서 '미스킴라일락'은 미군정 당시 미국인이 유출한 털개회나무(Syringa pubescens subsp. patula)의 씨앗을 개량한 품종으로, 우리나라에 관상용으로 역수입되었다.

꽃갓은 좁고 길쭉하며 끝이 네 갈래로 깊게 갈라진다.

열매는 약간 납작하고, 끝이 뾰족하며, 두 쪽으로 갈라진다.

씨앗은 얇고 길쭉하다.

수술은 2개이며, 수술대는 꽃잎 통 입구 쪽에 붙어 밖으로는 나오지 않는다. 암술은 암술대가 하나이며, 수술보다 훨씬 아래에 있고, 암술머리는 두 갈래이다.

암술 수술

마편초과

작살나무·좀작살나무

Callicarpa japonica Thunb. · *Callicarpa dichotoma* (Lour.) Raeusch. ex K.Koch

겨울눈

작살나무는 겨울눈에 비늘이 없으며, 길쭉하고, 자루 위에 달린다.
좀작살나무는 겨울눈에 비늘이 있으며, 둥글고, 자루가 없다.

겨울눈

작살나무. 잎은 갈라지지 않으며, 끝이 꼬리처럼 길게 뾰족하다.
작살나무 톱니는 잎 가장자리 전체에 있지만, 좀작살나무는 가운데에서 위쪽으로 톱니가 있다.

자라는 모양 ▶ 갈잎, 넓은잎, 작은키나무
잎이 나는 모양 ▶ 홑잎, 마주나기
생식 기관 ▶ 암수한꽃

속명(*Callicarpa*)은 열매가 아름답다는 뜻이다. 실제로 꽃보다 열매가 아름다워서 조경용으로 많이 심기도 한다. 국명에 붙은 '작살'은 물고기를 잡을 때 쓰는 작살을 가리키는 것으로 알려진다. 줄기를 가운데에 두고 양쪽으로 가지가 뻗은 모양, 가지 마디에서 겨울눈이 마주나는 모양이 끝이 3갈래로 갈라진 옛날 작살 모양과 닮은 데에서 유래한 듯하다.

작살나무

작살나무. 꽃갓 아래쪽은 통 모양이며, 위쪽은 네 갈래로 갈라진다. 꽃받침은 꽃갓 아래쪽을 감싸며, 네 갈래로 얕게 갈라진다. 수술은 4개이며, 꽃갓 밖으로 나온다. 암술은 암술대가 하나이며, 수술보다 길다.

수술 / 암술 / 꽃갓 / 꽃받침

작살나무. 꽃은 잎겨드랑이에서 모여 달린다(고른우산살송이모양꽃차례).

열매는 씨열매이며, 동글동글하고, 촘촘히 모여 달린다.

마편초과

누리장나무
Clerodendrum trichotomum Thunb.

잎은 갈라지지 않으며, 양쪽에 털이 있고, 가장자리에 얕은 톱니가 있다. 잎에서 약 냄새가 난다.

꽃은 꽃대 가운데 가장자리 순으로 달린다(고른우산살송이모양꽃차례).

자라는 모양 ▶ 갈잎, 넓은잎, 작은키나무 또는 중간키나무
잎이 나는 모양 ▶ 홑잎, 마주나기
생식 기관 ▶ 암수한꽃

산지 낮은 곳에도 자라며, 섬에서는 군락을 이루기도 한다. 한자말로는 취오동(臭梧桐)이라고 하는 것을 보면, 이름은 좋지 않은 냄새(臭)가 나는 데에서 비롯했다는 것을 알 수 있다. 그러나 실제 냄새를 맡아 보면 나쁜 냄새라기보다는 약 냄새와 비슷하다.

열매는 둥글며, 파란색을 거쳐 검게 변한다.
핵에 그물 무늬가 뚜렷하다.

꽃갓은 끝이 다섯 갈래로 갈라진다. 꽃받침은 다섯 갈래로 깊게 갈라진다. 각 갈래는 연두색→ 연한 자주색→ 적자색으로 색깔이 변하면서 수평으로 펼쳐진다. 수술은 4개이며, 암술대보다 먼저 꽃잎 밖으로 길게 나오고, 수술대는 흰색이다. 암술은 암술대가 하나이며, 수술이 시든 뒤에 암술대가 꽃갓 밖으로 길게 나오지만 수술보다는 짧다. 암술머리는 두 갈래이다.

수술
암술머리
암술대
시든 수술

마편초과

순비기나무 *Vitex rotundifolia* L.f.

가지가 위로 솟는다.

잎은 갈라지지 않으며, 뒷면에 회백색 털이 촘촘하고, 가장자리에 톱니가 없다.

꽃은 줄기 끝에 여럿이 모여 달린다(고깔모양꽃차례).

자라는 모양 ▶ 갈잎, 넓은잎, 작은키나무
잎이 나는 모양 ▶ 홑잎, 마주나기
생식 기관 ▶ 암수한꽃

바다와 가장 가까운 땅에서 자라는 상징적인 나무다. 키는 작지만 줄기가 바닥을 넓게 기면서 자라기 때문에 땅을 덮는 면적은 매우 넓다. 한방에서는 순비기나무 열매를 '만형자(蔓荊子)'라고 부르며, 여기서 만(蔓)은 덩굴을 뜻한다. 길고 넓게 벋는 줄기 특성을 알 수 있는 이름이다. 나무에서 허브와 비슷한 향이 난다.

열매는 둥글고, 꽃받침에 둘러싸인다.

꽃갓은 위아래로 갈라지며, 다시 위쪽은 두 갈래, 아래쪽 세 갈래로 갈라진다. 가운데 갈래가 가장 크고, 긴 털이 촘촘하다. 꽃받침은 끝이 다섯 갈래로 얕게 갈라지고, 잔털이 촘촘하다. 수술은 4개이며, 수술대가 암술대보다 짧고, 밑동에 긴 털이 촘촘하다. 암술은 암술대가 하나이며, 암술대가 수술대보다 길고, 암술머리는 두 갈래이다.

가지과

구기자나무
Lycium chinense Mill.

자라는 모양 ▶ 갈잎, 넓은잎, 작은키나무
잎이 나는 모양 ▶ 홑잎, 모여나기 또는 어긋나기
생식 기관 ▶ 암수한꽃

열매 '구기자'는 오래전부터 한약재로 썼다. 열매 생김새가 고추와 닮았지만 크기는 매우 작다. 가지가 변한 가시가 있는데 속명(*Lycium*)은 고대 그리스 도시였던 리키아(Lycia)에서 자란 관목류(lycion)에서 따왔는데, 이 나무에도 가시가 많았다고 한다.

줄기가 활처럼 휘어지며, 가지가 변한 가시가 있다. 잎은 짧은가지에서 몇 개씩 모여나며 갈라지지 않고, 밑동은 좁아지면서 잎자루 날개처럼 된다.

꽃은 짧은가지에 1~3개씩 모여난다.

열매는 작은 고추처럼 생겼다.

꽃갓 아래쪽은 통 모양이며, 위쪽은 다섯 갈래로 갈라지고, 보라색 줄무늬가 있다. 꽃받침은 꽃갓 아래쪽을 감싸며, 3~5갈래로 갈라진다. 수술은 5개이며, 꽃갓 밖으로 길게 나온다. 암술은 암술대가 하나이며, 수술보다 길고, 암술머리가 동그랗다.

현삼과

참오동나무
Paulownia tomentosa (Thunb.) Steud.

가지는 적갈색이며, 껍질눈은 흰색이다.

잎은 3~5갈래로 얕게 갈라지며, 뒷면에 털이 많다.

자라는 모양 ▶ 갈잎, 넓은잎, 큰키나무
잎이 나는 모양 ▶ 홑잎, 마주나기 또는 돌려나기
생식 기관 ▶ 암수한꽃

자라는 속도가 빠르고 가벼우며 습기에 강해 비틀림이 적어 오래전부터 장롱 같은 가구나 악기 등을 만드는 데에 많이 쓰였다.

꽃은 가지 끝에 수북하니 달린다(고깔모양꽃차례). 꽃갓은 위쪽 두 갈래, 아래쪽 세 갈래로 갈라지고, 안쪽에 점으로 이어진 줄무늬가 있다. 겉에 털이 촘촘하다.

열매는 두 쪽으로 벌어지고, 안쪽에 가로막이 있다.

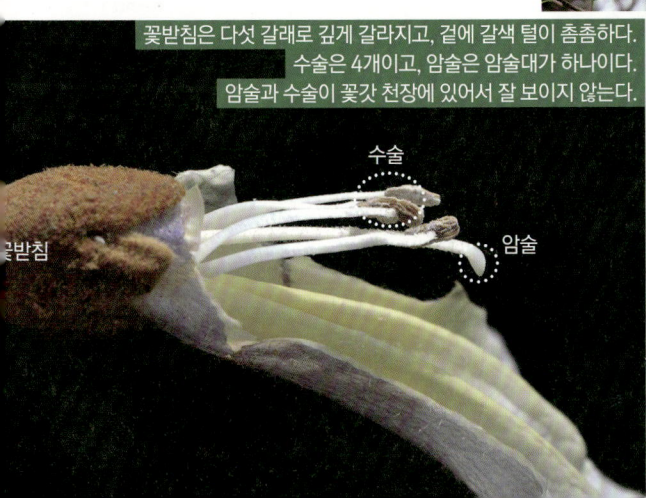

꽃받침은 다섯 갈래로 깊게 갈라지고, 겉에 갈색 털이 촘촘하다. 수술은 4개이고, 암술은 암술대가 하나이다. 암술과 수술이 꽃갓 천장에 있어서 잘 보이지 않는다.

씨앗은 가장자리에 날개가 있다.

능소화·미국능소화

Campsis grandiflora (Thunb.) K.Schum. · *Campsis radicans* (L.) Seem.

능소화과

능소화

자라는 모양 ▶ 갈잎, 넓은잎, 덩굴나무
잎이 나는 모양 ▶ 깃꼴겹잎, 마주나기
생식 기관 ▶ 암수한꽃

능소화는 꽃이 크고 화려하며, 많이 달리지만 열매는 거의 보이지 않는다. 속명(*Campsis*)은 수술이 활처럼 휜 모습을 가리키며, 종소명(*grandiflora*)은 꽃이 크다는 뜻이다. 한자말(凌霄花)에서 '능(凌)'은 '업신여기다'는 뜻이고, '소(霄)'는 하늘을 가리키니, 하늘을 우습게 아는 꽃으로 풀이할 수도 있겠다. 능소화의 꽃말은 명예, 자랑, 자만이라 하니 아주 틀린 해석은 아닐 듯싶다. 능소화의 원산지는 중국이며, 미국능소화는 이름 그대로 미국에서 온 것으로 알려진다.

미국능소화

능소화. 줄기는 덩굴성이며, 공기뿌리가 나와 다른 물체에 붙어 자란다. 잎 하나는 작은 잎 7~13장으로 이루어지며, 작은 잎은 가장자리에 굵은 톱니가 있고, 끝이 길게 뾰족하다.

수술은 4개이며, 2개는 길고 2개는 짧다. 암술은 암술대가 하나이며, 암술머리는 두 갈래로 갈라지고 생김새가 납작하다. 수술과 암술은 꽃갓 천장에서 아래를 향한다.

능소화. 꽃은 가지 끝에 수북하니 달린다(고깔모양꽃차례).

능소화

꽃갓은 다섯 갈래로 얕게 갈라진다. 각 갈래 밑동은 노란 바탕에 줄무늬가 있다. 이 줄무늬는 꽃잎 통 끝까지 이어진다. 미국능소화는 능소화보다 꽃잎과 색이 더 붉고, 줄무늬가 검다. 꽃잎 통도 더 좁고 길다. 꽃받침은 다섯 갈래로 갈라지고, 끝이 바늘처럼 뾰족하다. 미국능소화는 능소화보다 꽃받침 색이 더 붉다.

미국능소화

인동과

인동덩굴
Lonicera japonica Thunb.

줄기는 덩굴성이며, 어린 줄기에 잔털과 샘털이 많다.

잎은 갈라지지 않으며, 털이 많고, 가장자리에 톱니가 없다.

꽃은 잎겨드랑이에 1~2개씩 달리며, 시간이 지나면서 노란색으로 변한다.

자라는 모양 ▶ 갈잎 또는 늘푸른잎, 넓은잎, 덩굴나무
잎이 나는 모양 ▶ 홑잎, 마주나기
생식 기관 ▶ 암수한꽃

흔히 인동초(忍冬草)로 부르며, '추운 겨울을 견디는 풀'이라는 뜻이다. 실제로는 풀이 아니라 나무지만, 겨울에도 일부 잎이 떨어지지 않는 반상록성 식물이니 겨울을 견디는 것으로 보이기는 한다. 또한 노란색과 흰색 꽃이 함께 보이는 일이 많아서 금은화(金銀花)라고도 부른다.

꽃갓은 위아래로 깊게 갈라지고, 위쪽 갈래는 다시 얕게 네 갈래로 갈라진다.

꽃받침은 매우 작으며, 다섯 갈래로 갈라진다. 수술은 5개이며, 수술대가 꽃잎 밖으로 길게 나오고, 끝이 위로 굽는다. 수술대 밑동은 꽃잎 통 입구에 붙는다. 암술은 암술대가 하나이며, 암술대가 수술보다 길고, 암술머리는 동그랗다.

열매는 동글동글하며, 검은색으로 익고, 반짝반짝하다.

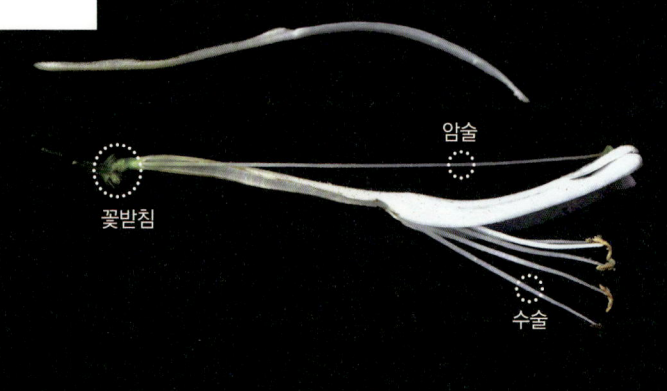

암술

꽃받침

수술

인동과

백당나무
Viburnum opulus L. var. *calvescens* (Rehder) H.Hara

잎은 세 갈래로 갈라지며, 가장자리에 불규칙한 굵은 톱니가 있다.

꽃받침

꽃받침은 작으며, 다섯 갈래로 깊게 갈라진다.

자라는 모양 ▶ 갈잎, 넓은잎, 작은키나무
잎이 나는 모양 ▶ 홑잎, 마주나기
생식 기관 ▶ 암수한꽃, 중성꽃

꽃차례 가장자리에 장식처럼 커다란 중성꽃이 달리는 것, 열매가 붉은색인 것은 새의 눈에 잘 띄어 씨앗 퍼트리기 성공률을 높이려는 전략이다. 꽃차례 전체에 중성꽃이 달려 한 덩어리로 보이는 꽃 종류를 부처의 머리를 닮았다고 해서 불두화(佛頭花)라고 부르기도 하며, 그런 이유로 절에서 많이 심는다.

중성꽃

꽃은 가지 끝에서 고른꽃차례로 달리며, 꽃차례 가장자리에는 암술과 수술이 없는 중성꽃이 핀다. 암수한꽃 꽃갓은 다섯 갈래로 깊게 갈라지며, 각 갈래가 뒤로 젖혀진다. 중성꽃 꽃갓은 암수한꽃 중성꽃보다 뚜렷하게 크며, 4~5갈래로 밑동 근처까지 깊게 갈라지고, 각 갈래는 수평으로 펴진다.

암술

수술

수술은 5개이며, 꽃갓 밖으로 길게 나온다. 암술은 암술대가 매우 짧아서 한가운데에 솟아오른 돌기처럼 보인다.

열매는 씨열매이며, 동글동글하고, 빨갛게 익는다.

인동과

붉은병꽃나무
Weigela florida (Bunge) A.DC.

가지는 적갈색이며,
껍질눈은 흰색이고,
세로로 갈라진다.

잎은 갈라지지 않으며, 가장자리에 자잘한 톱니가 있고,
끝이 뾰족하다. 잎에 털이 많으며, 잎자루가 짧다.

자라는 모양 ▶ 갈잎, 넓은잎, 작은키나무
잎이 나는 모양 ▶ 홑잎, 마주나기
생식 기관 ▶ 암수한꽃

한반도에서만 자라는 병꽃나무와 달리 붉은병꽃나무는 중국, 일본, 러시아 등지에서도 자란다. 병꽃나무와는 꽃 색깔, 꽃에 난 털의 정도, 꽃받침이 갈라진 정도로 구별할 수 있다.

병꽃나무에 비해 꽃받침이 밑동까지 갈라지지 않으며, 털이 적거나 거의 없다.

꽃은 잎겨드랑이에 1~3개씩 달리며, 병꽃나무에 비해 진한 분홍색이거나 홍자색으로 핀다. 꽃갓은 다섯 갈래로 갈라진다. 꽃갓 겉에 털이 조금 있다. 수술은 5개이며, 수술대 길이는 모두 같다. 암술은 암술대가 하나이며, 암술대가 수술보다 길고, 씨방은 꽃받침보다 아래에 있다.

열매는 길쭉하며, 병꽃나무에 비해 털이 적거나 거의 없다.

병꽃나무

인동과

Weigela subsessilis (Nakai) L.H.Bailey

자라는 모양 ▶ 갈잎, 넓은잎, 작은키나무
잎이 나는 모양 ▶ 홑잎, 마주나기
생식 기관 ▶ 암수한꽃

우리나라 산지에서는 흔히 볼 수 있지만, 전 세계에서 한반도에만 자생하는 고유종이다. 꽃이 병 모양처럼 생겼다고 해서 '병꽃나무'라고 한다. 종소명(*subsessilis*)은 잎자루가 짧다는 뜻으로, 실제 잎자루가 짧아서 가지에 잎이 바로 붙은 것처럼 보인다.

가지는 적갈색이며, 껍질눈은 흰색이고, 세로로 갈라진다.

잎은 갈라지지 않으며, 가장자리에 자잘한 톱니가 있고, 끝이 뾰족하다. 잎에 털이 많으며, 잎자루가 짧다.

꽃은 잎겨드랑이에 1~2개씩 달린다. 시간이 지나면서 점점 붉어진다. 꽃갓은 다섯 갈래로 갈라지고, 갈래는 펼쳐지지 않는다. 꽃갓 겉에 긴 털이 있다. 꽃받침은 밑동까지 깊게 갈라지며, 각 갈래는 줄처럼 얇고 털이 많다. 수술은 5개이며, 수술대 길이는 모두 같다. 암술은 암술대가 1개이며, 암술대가 수술보다 길고, 씨방은 꽃받침보다 아래에 있다.

청미래덩굴

백합과

Smilax china L.

줄기는 녹색이고, 적갈색에 굵고 뾰족한 가시가 있으며, 가지는 지그재그로 자란다.

잎은 갈라지지 않으며, 끝이 편평하고, 가운데가 돌기처럼 뾰족하다. 잎자루 밑동에 덩굴손이 2개 있다.

수술

수술은 6개이다. 꽃덮개잎은 3장씩 2겹이며, 끝은 뒤로 말린다.

자라는 모양 ▶ 갈잎, 넓은잎, 덩굴나무
잎이 나는 모양 ▶ 홑잎, 어긋나기
생식 기관 ▶ 암수딴그루

청가시덩굴과 비슷하지만 가시 모양과 색깔, 잎 특징, 열매 색깔 등으로 구별할 수 있다. 줄기가 녹색이기 때문에 이름 앞에 '청'이 붙는다. 청미래덩굴을 망개나무라고도 부르며, 청미래덩굴 잎으로 싸서 찐 떡을 망개떡이라고 한다. 그러나 갈매나무과에 속하는 망개나무와 청미래덩굴은 완전히 다른 나무이다.

꽃은 잎겨드랑이에 퍼지듯이 달린다(우산모양꽃차례). 안쪽보다 바깥쪽 꽃덮개잎이 조금 더 크다.
암술머리는 3개로 갈라진다.
가끔 퇴화한 수술이 보이기도 한다.

암술

꽃덮개잎

열매는 동글동글하며, 붉게 익는다.

씨앗은 각진 달걀 모양이며, 적갈색이고 반짝반짝하다.

청가시덩굴

Smilax sieboldii Miq.

백합과

줄기는 녹색이고, 가늘고 뾰족한 검은색 가시가 있다.

잎은 갈라지지 않으며, 가장자리가 물결 모양이고, 뚜렷한 나란히맥이 5개 있다. 잎 끝은 점점 좁아지면서 뾰족해지고, 잎자루 밑동에는 턱잎이 변한 덩굴손이 2개 있다.

자라는 모양 ▶ 갈잎, 넓은잎, 덩굴나무
잎이 나는 모양 ▶ 홑잎, 어긋나기
생식 기관 ▶ 암수딴그루

속명(*Smilax*)은 가시와 관련이 있는 낱말이다. 외떡잎식물에 속하는 나무는 쌍떡잎식물에 속하는 전형적인 나무와 달리 부피생장*을 하지 못하고, 땅 위쪽으로 나온 줄기가 말라 죽거나 땅속에서 줄기가 새로 돋거나 한다. 그래서 나무이지만 풀과 비슷한 특징이 많다. 같은 원리로 대나무도 이름에는 나무가 들어가지만, 자라는 방식은 풀과 더 비슷하다.

*부피생장: 세포 분열로 식물의 뿌리나 줄기가 굵어지면서 자라는 방식

꽃은 잎겨드랑이에 퍼지듯이 달린다(우산모양꽃차례). 꽃덮개잎은 3장씩 2겹이며, 안쪽보다 바깥쪽 꽃덮개잎이 조금 더 크다. 수술은 6개이며, 꽃덮개와 같은 줄에 달린다. 암술은 암술대가 짧으며, 암술머리는 두 갈래로 갈라진다.

열매는 동글동글하며, 청미래덩굴과 달리 검은색이다.

씨앗은 동글동글하며, 붉은색이고 반짝반짝하다.

용어 사전

갈래꽃(이판화): 꽃잎이 낱낱이 갈린 꽃

갈잎(낙엽): 겨울이 오기 전에 모두 떨어지는 잎. 건기와 우기가 반복되는 지역에서는 건기 동안 떨어지는 잎도 갈잎에 속한다.

겹톱니(복거치): 잎 가장자리 톱니가 다시 갈라져 겹겹이 불규칙하게 생기는 톱니

곁맥(측맥): 잎자루에서 이어져 잎의 가운데를 가로지르는 잎맥에서 옆으로 뻗어 나가는 잎맥

고깔모양꽃차례(원추화서): 꽃대 위쪽은 좁고 아래쪽으로 갈수록 넓어져 고깔처럼 꽃이 달리는 모양. 생김새가 비슷한 송이모양꽃차례와 달리 작은꽃줄기가 여러 차례 갈라진다. 꽃차례는 꽃이 달리는 모양을 가리킨다.

고른꽃차례(산방화서): 꽃줄기 아래쪽에 붙은 꽃자루는 길고, 위로 갈수록 꽃자루가 짧아져 전체적으로 편평하게 꽃이 달리는 모양

백당나무

층층나무

흰말채나무

쉬나무

고른우산살송이모양꽃차례(취산화서): 꽃줄기 끝에서 가운데에 있는 꽃자루 꽃이 먼저 핀 다음, 그 주변 꽃자루에 차례로 꽃이 피는 모양

덜꿩나무

개머루

누리장나무

작살나무

공기뿌리(기근): 땅속에서 돋아나거나 줄기에서 나와 공기에 노출된 뿌리. 식물 종류에 따라 지지, 부착, 흡수 기능을 한다.

낙우송

능소화

담쟁이덩굴

옥수수

굳은껍질열매(견과): 단단한 껍데기에 싸인 열매. 보통 건조한 씨앗이 하나 들어 있다. 날개가 있으면 날개열매(시과)가 된다. 열매가 촘촘히 모여 덩어리를 이루기도 하며 이때 각 열매는 작은굳은껍질열매(소견과)라고 한다.

갈참나무

상수리나무

가래나무

굴피나무

기판·익판·용골판: 콩과 식물은 꽃잎 5장이 나비 모양 꽃갓(접형화관)을 이룬다. 위쪽 꽃잎 1장이 기판이며, 보통 크기가 크고 뒤로 젖혀지며, 안쪽에 줄무늬가 있다. 중간 꽃잎 2장이 익판이며, 바깥에서 안으로 감싸듯 용골판과 포개질 때가 많다. 아래쪽 꽃잎 2장이 용골판이며, 대개 아래쪽이 서로 붙고, 암술과 수술을 포개듯 감싼다.

골담초

골담초

칡

아까시나무

깃꼴겹잎(우상복엽): 마디에 붙은 큰잎자루에 작은 잎 5장 이상이 깃털처럼 달린 잎. 식물 종류에 따라서는 이런 모양(깃꼴)이 두 번 반복되기도 한다(2회깃꼴겹잎). 대개 가장 끝에 있는 작은 잎 개수는 홀수이지만 짝수인 식물도 있다.

 큰낭아초
 붉나무
 굴피나무
 자귀나무

깍정이(각두): 큰꽃싸개가 변해 생긴 딱딱한 그릇 모양 받침. 주로 도토리나 밤을 반쯤이나 오롯이 감싼다. 깍정이 겉면에는 비늘조각이 촘촘히 붙어 있으며, 비늘조각은 길쭉하거나 가시 모양을 이루기도 한다.

 갈참나무
 밤나무
 신갈나무
 굴참나무

껍질눈(피목): 나무껍질에 있는 숨구멍(통기조직). 식물 종류에 따라 크기와 모양이 다르다. 기둥줄기에서는 나무가 커 가면서 껍질눈이 희미해지기도 하지만 끝가지에서는 모든 나무에서 뚜렷하게 나타난다.

 왕벚나무
 느티나무
 붉나무
 은사시나무

꽃가루솔방울(수구화수): 겉씨식물의 생식 기관. 꽃 피는 식물의 수꽃이삭에 해당한다. 다만, 은행나무 꽃가루는 포자식물 포자처럼 운동성이 있기 때문에 은행나무 생식 기관은 포자이삭(포자수)으로 달리 구분한다.

 주목
 메타세쿼이아
 솔송나무
 곰솔

꽃갓(화관): 꽃잎 전체를 가리키는 말이지만 보통은 통꽃 모양을 설명할 때 많이 쓰며, 갈래꽃에서는 낱낱의 꽃잎이 모여 특정한 모양을 이룰 때 쓰는 일이 많다.

 순비기나무
 능소화
 구기자나무
 참오동나무

꽃대(화축): 꽃이 달리는 축이며, 꽃차례를 이루는 기반이 된다. 때에 따라 꽃줄기(화경)와 같은 뜻으로도 쓰이며, 꽃대가 없는 식물도 있다.

 때죽나무  자귀나무  아까시나무  가시칠엽수

꽃덮개(화피): 꽃받침과 꽃잎을 합쳐서 부르는 말. 주로 꽃받침과 꽃잎이 뚜렷하게 구분되지 않는 꽃을 설명할 때 많이 쓴다. 각 조각을 꽃덮개잎, 바깥쪽을 바깥쪽꽃덮개잎, 안쪽을 안쪽꽃덮개잎이라고 한다.

 백목련  백합나무(튤립나무)  후박나무  생강나무

꽃받침(악): 꽃 구조에서 가장 바깥쪽에 있는 부분. 녹색이 가장 흔하며, 조각 하나하나를 꽃받침잎(악편)이라 한다.

 골담초  명자꽃  무궁화  감나무

꽃받침통: 꽃받침이 일부만 갈라졌을 때 갈라지지 않은 아랫부분을 가리킨다.

 감나무  개나리  때죽나무  회화나무

꽃싸개(포): 꽃받침 바깥쪽, 즉 꽃자루 부분에 붙은 잎의 변형. 식물 종류에 따라서는 꽃잎처럼 크기도 하며, 대부분 꽃받침과 가까운 곳에 있지만 꽃자루 중간이나 밑동에 붙어 있기도 한다. 조각 하나하나는 꽃싸개잎(포엽), 꽃차례를 받치고 있으면 큰꽃싸개(총포)라고 하며, 여러 겹인 경우도 있다.

 산딸나무  개암나무  소사나무  산수유

꽃잎(화판): 꽃받침과 수술 사이에 있는 얇고 색깔이 있는 부분. 보통 갈래꽃에서 낱낱을 가리킬 때 쓴다.

 명자꽃  무궁화  장미  땅비싸리

꽃자루(화병)·꽃줄기(화경): 꽃자루는 꽃을 받치는 자루 부분. 여러 모로 꽃줄기와 비슷하지만 주로 꽃 하나를 설명할 때는 꽃자루라고 한다. 꽃줄기는 꽃이 여러 개 달려 있고 잎은 없는 대 부분을 가리키며, 주로 꽃차례를 설명할 때 쓴다. 꽃줄기에서 작은꽃줄기 여러 개로 갈라지기도 한다.

 산수유  아까시나무  왕벚나무  찔레꽃

꽃턱(화탁): 꽃받침, 꽃잎, 수술, 암술이 자라는 자리. 꽃턱 생김새에 따라 꽃이나 열매 모양이 결정되기도 한다.

 줄딸기  국수나무  뱀딸기  장미

꿀샘(밀선): 꿀이 나오는 곳. 대부분 꽃 안(특히 암술과 수술 사이)에 있다.

 대추나무  벚나무  은사시나무  회양목

끝가지(소지): 가장 마지막에 자란 1년생 줄기(가지). 경계는 끝눈이 떨어진 자국(끝눈자국)이다. 끝눈자국은 끝눈을 감싸던 여러 겹의 비늘조각 자국이 줄기에 고리 모양으로 남으며, 이것으로 마디와 구분한다. 끝눈자국과 끝눈자국의 거리가 나무가 한 해 동안 자란 길이이다. 이 거리가 매우 가까우면 은행나무에서 볼 수 있듯이 짧은가지가 된다.

 갈참나무  백목련  떡갈나무  생강나무

나란히맥(평행맥): 잎의 밑단에서 끝부분까지 거의 나란하게 뻗은 주된 잎맥인 세로맥(종맥) 사이를 이어 주는 가느다란 가로맥(횡맥)으로 이루어진 잎맥. 외떡잎식물에서 많이 나타난다.

 닭의장풀
 거머리말
 청가시덩굴
 청미래덩굴

날개: 꽃이나 잎, 열매, 씨앗 등에서 일부분이 얇은 막처럼 변한 것

 곰솔
 붉나무
 중국단풍
 화살나무

날개열매(시과): 가장자리에 얇은 막으로 된 날개가 달린 열매. 바람을 이용해 씨앗을 널리 퍼트리려는 식물에서 많이 나타난다.

 복자기
 참느릅나무
 단풍나무
 물푸레나무

넓은잎(활엽): 커다란 잎 한 장을 가리키기도 하지만, 작은 잎 여러 장으로 이루어진 겹잎을 뜻하기도 한다.

 신갈나무
 백합나무
 으름덩굴
 조록싸리

늘푸른잎(상록엽): 겨울에도 떨어지지 않는 잎. 이듬해 새 가지와 잎이 나올 때도 지난해 가지에 붙어 있다. 중부 지방에서는 바늘잎나무(침엽수)에서 많이 볼 수 있지만, 남부 지방으로 가면 넓은잎나무(활엽수)에서도 볼 수 있다.

 사철나무
 주목
 회양목
 동백나무

덩굴나무: 줄기로 감아 올라가거나 덩굴손을 써서 다른 물체를 감거나 다른 물체에 붙어서 주변으로 퍼지는 나무. 덩굴손은 다른 물체를 감을 수 있게끔 잎 전체 또는 일부가 실처럼 가늘게 변한 것을, 흡반은 다른 물체에 달라붙게 하는 덩굴손 끝에 붙은 동그란 부분을 가리킨다.

노박덩굴 / 으름 / 청미래덩굴 / 담쟁이덩굴

돌려나기(윤생): 한 마디에 잎이 세 장 이상 달리는 모양. 나무보다 풀에서 많이 나타난다.

참오동 / 돌나물 / 갈퀴꼭두서니 / 삿갓나물

마디(절): 줄기에 잎이나 겨울눈이 달리는 자리. 마디사이(절간)가 가까우면 잎이 촘촘히 달리고, 멀면 띄엄띄엄 달린다.

국수나무 / 붉나무 / 일본목련 / 좀작살나무

마주나기(대생): 한 마디에 잎이 두 장씩 서로 마주 달리는 모양. 곧게 서는 줄기에서 마디마다 90°씩 엇갈리게 마주 나거나, 옆으로 벋는 줄기에서 두 줄로 나란히 마주난다.

쥐똥나무 / 고로쇠나무 / 단풍나무 / 사철나무

머리모양꽃차례(두상화서): 꽃대 끝에 꽃자루가 매우 짧은 꽃이 촘촘히 모여 사람 머리 모양처럼 달린다. 꽃자루가 길면 우산모양꽃차례가 된다.

양버즘나무 / 자귀나무 / 오갈피나무 / 꾸지뽕나무

모여나기(총생): 마디사이가 짧아서 줄기 한 곳에 잎 여러 장이 뭉쳐나는 것처럼 보이는 모양. 보통 짧은가지(단지)가 있는 나무에서 많이 나타난다. 참고로 풀에는 잎이 땅에서 무더기로 돋아나는 종류가 있으며, 잎이 뿌리에서 나오는 것처럼 보인다고 해서 이런 잎을 뿌리잎(근생엽)이라고 부르기도 한다.

 일본잎갈나무
 은행나무
 냉이
 서양민들레

모임열매(집합과): 암술 하나하나에서 생긴 작은 열매 여러 개가 모여서 한 덩어리를 이루는 열매

 뽕나무
 산딸기
 일본목련
 파인애플

묶음나기(속생): 마디사이가 아주 짧아서 잎이 묶음처럼 달리는 모양. 소나무 종류에서 나타나며, 종류에 따라 2~5개씩 한 묶음으로 난다.

 리기다소나무
 곰솔
 스트로브잣나무
 섬잣나무

물열매(장과): 포도나 토마토처럼 열매 겉껍질, 중간껍질, 속껍질이 모두 연하며, 특히 중간껍질에 살이 많은 열매

 감
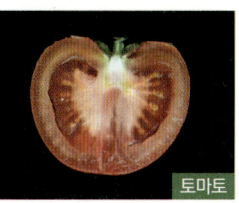 토마토
 포도
 구기자

밑씨(배주): 수정되지 않은 어린 씨앗. 수정이 이루어지면 자라서 씨앗이 된다. 겉씨식물은 밑씨가 바깥으로 드러나며, 속씨식물은 씨방 안에 들어 있다. 속씨식물은 씨방 속에 밑씨가 얼마나 있느냐에 따라 열매 속 씨앗 수가 결정되며, 종류에 따라서 개수가 달라진다.

 은행나무
 명자꽃
 주목
 큰개별꽃

밑씨솔방울(암구화수): 겉씨식물의 생식 기관. 밑씨솔방울조각 밑동에 밑씨가 들어 있는 어린 솔방울을 가리킨다. 대개 하늘을 향해 달리며, 자라서 솔방울(구과)이 된다. 밑씨솔방울조각은 모여 주로 원뿔 모양을 이룬다.

 소나무
 측백나무
 일본잎갈나무
 솔송나무

바늘잎(침엽): 바늘처럼 길고 뾰족한 잎. 주로 겉씨식물에서 나타난다. 비늘 모양이거나 은행잎처럼 부채꼴이더라도 기본 특징이 겉씨식물 범주에 들어가는 나무의 잎은 모두 바늘잎으로 본다.

 스트로브잣나무
 은행나무
 주목
 메타세쿼이아

분리열매(분리과): 심피 여러 개로 이루어진 씨방이 하나의 열매로 자란 뒤, 낱낱의 심피로 나뉘는 열매. 심피는 꽃의 암술을 이루는 요소로 암술머리, 암술대, 씨방으로 이루어진다.

 갯사상자
 모래지치
 신나무
 지채

비늘(인편): 식물체 표면에 붙은 얇고 작은 조각

 떡갈나무
 밤나무
 백목련
 신갈나무

비늘털(인모): 잎이나 잎자루나 가지에 붙은 비늘모양 털

 뜰보리수나무
 보리수나무
 보리밥나무
 진달래

삼출겹잎(삼출엽): 줄기 마디에 붙은 큰잎자루에 달린 작은 잎 3장

 조록싸리
 멍석딸기
 담쟁이덩굴
 칡

샘점(선점)·샘털(선모): 분비물이 나오는 곳. 작은 돌기 모양이면 샘점, 털에 있으면 샘털(선모)이다. 샘털이 많은 곳을 만져 보면 대개 끈적거린다.

 초피나무
 귤
 줄딸기
 유럽점나도나물

손꼴겹잎(장상복엽): 줄기 마디에 붙은 큰잎자루 끝에 손바닥 모양으로 달리는 작은 잎 5장

 으름덩굴
 오엽딸기
 가시칠엽수
 오갈피나무

솔방울(구과): 겉씨식물의 주요 생식 기관. 솔방울조각(실편)으로 이루어지며 타원 또는 원뿔 모양이다. 밑씨솔방울이 자라서 생기며, 솔방울조각 밑동에 씨앗이 들어 있다.

 곰솔
 잣나무
 측백나무
 구상나무

솔방울조각(실편): 겉씨식물의 솔방울을 이루는 켜켜이 쌓여진 비늘모양 조각

 곰솔
 메타세쿼이아
 잣나무
 측백나무

송이모양꽃차례(총상화서): 긴 꽃대에 꽃자루가 달린 많은 꽃이 줄지어 달리는 모양. 주로 꽃대 아래쪽에서 위쪽 순으로 꽃이 피며, 꽃이 피면서 꽃대가 길어진다.

 쪽동백나무
 큰까치수염
 아까시나무
 냉이

수꽃암수한꽃딴그루(웅성양성이주): 수꽃과 암수한꽃이 각각 다른 그루에서 피는 나무

 감나무(수꽃)
 감나무(암수한꽃)
 이팝나무(수꽃)
 이팝나무(암수한꽃)

수꽃암수한꽃한그루(웅성양성동주): 수꽃과 암수한꽃이 같은 그루에서 피는 나무

 단풍나무
 모감주나무
 신나무
 자귀나무

수꽃이삭꽃차례(웅화수): 긴 꽃대에 수꽃이 촘촘히 달리는 모양. 주로 바람을 이용해 꽃가루받이하는 나무에서 나타난다. 바람 영향을 잘 받을 수 있도록 꽃대가 연약하거나 가늘게 늘어지는 가지에 달리기도 한다. 꽃가루받이 특성 때문에 꽃잎과 꽃받침이 발달하지 않으며, 대개 크기가 작은 꽃덮개나 꽃싸개가 발달한다.

 개암나무
 버드나무
 굴피나무
 사방오리

수술(웅예): 꽃잎 바로 안쪽에 있으며, 꽃밥과 이를 받치는 수술대로 이루어진 부분. 꽃가루는 꽃밥에 들어 있으며, 수술대 길이는 종류에 따라 다르다. 수술 전체는 수술군(웅성기)이라고 한다.

 때죽나무
 참나리
 등
 진달래

숨구멍줄(기공선, 기공조선): 침엽수 잎 뒷면에 있으며, 흰색을 띤다. 숨구멍줄이 놓인 모양은 잎맥 배치와 관련이 있다. 잎이 긴 바늘잎나무는 한 줄로 난 잎맥을 따라 숨구멍이 있다. 잎이 포개진 바늘잎나무는 겹쳐진 경계를 따라 숨구멍이 줄지어 나 있어서, 겹쳐진 모양에 따라 무늬가 달라진다.

 편백  구상나무  섬잣나무  화백

씨껍질(종피): 겉씨식물 씨앗을 둘러싼 껍질. 겉씨식물에는 씨방이 없기 때문에 은행처럼 열매 모양 씨앗이 달리기도 한다. 이때 열매살처럼 말랑말랑한 바깥쪽은 바깥씨껍질, 단단한 안쪽 껍질은 안쪽씨껍질이 된다.

 잣나무  은행나무  은행나무 (바깥씨껍질(외종피), 안쪽씨껍질(내종피))  일본목련

씨열매(핵과): 딱딱한 속껍질(핵)이 씨앗을 감싸는 열매. 핵은 씨앗과 헷갈리기 쉬우며, 씨앗은 핵 속에 들어 있다.

 자두나무  잔털벚나무  대추나무 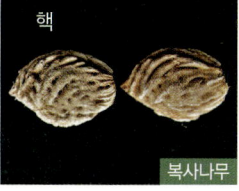 복사나무

암꽃이삭꽃차례(자화수): 암꽃이 촘촘하고 길쭉하게 이삭처럼 달리는 모양. 열매도 이삭 모양 또는 솔방울 모양으로 자란다. 바람을 이용하는 꽃가루받이 특성 때문에 꽃잎과 꽃받침 대신 꽃싸개가 발달한다.

 사방오리  갯버들  굴피나무  자작나무

암수딴꽃(수꽃)(웅화): 한 꽃(단성화) 안에 수술만 있거나 수술과 퇴화한 암술이 있는 꽃. 수술꽃이라고도 한다. 한 그루에 암꽃과 수꽃이 같이 피면 암수한그루가 되며, 암꽃과 수꽃이 다른 그루에 달리면 암수딴그루가 된다.

 노박덩굴
 생강나무
 으름덩굴
 청미래덩굴

암수딴꽃(암꽃)(자화): 한 꽃(단성화) 안에 암술만 있거나 암술과 퇴화한 수술이 있는 꽃. 암술꽃이라고도 한다. 한 그루에 암꽃과 수꽃이 같이 피면 암수한그루가 되며, 암꽃과 수꽃이 다른 그루에 달리면 암수딴그루가 된다.

 노박덩굴
 생강나무
 으름덩굴
 청미래덩굴

암수한꽃(양성화): 한 꽃 안에 암술과 수술이 다 있는 꽃. 암술은 꽃 한가운데에 있으며, 수술은 암술 주변에 있다.

 백목련
 잔털벚나무
 벚나무
 산딸기나무

암술(자예): 꽃 한가운데에 있고, 심피(암술머리, 암술대, 씨방)로 이루어지는 부분. 씨방은 밑씨가 들어 있는 곳이며, 심피 수에 따라서 씨방 속 방 개수가 결정된다. 암술 전체를 암술군(자성기)이라고 한다.

 청미래덩굴
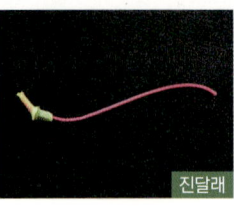 진달래
 무궁화
 능소화

어긋나기(호생): 줄기 마디 하나에 잎이 한 장씩 달리는 모양. 겹잎은 여러 잎 전체가 잎 하나이기 때문에 줄기 마디에 붙은 큰잎자루를 보고 모양을 판단한다. 마디사이가 가까우면 잎이 촘촘하게 달리며, 가지 끝에서는 돌려나는 것처럼 보인다.

 국수나무
 생강나무
 버드나무
 철쭉

열매껍질(과피): 씨앗을 감싸는 씨방이 변한 껍질. 바깥쪽부터 겉껍질(외과피), 가운데껍질(중과피), 속껍질(내과피)로 나눈다. 보통 열매살(과육)이 있는 열매는 껍질이 두껍고, 열매살이 없으면 껍질이 딱딱해진다.

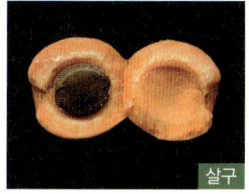
살구

포도

동백나무

상수리나무

우산모양꽃차례(산형화서): 꽃대 한 지점에 길이가 같은 꽃자루가 달려 펼친 우산처럼 꽃이 피는 모양. 꽃자루 길이가 매우 짧아서 꽃 핀 전체 모양이 사람 머리 같으면 머리모양꽃차례가 된다.

조팝나무

산부추

산수유

선밀나물

이삭꽃차례(수상화서): 긴 꽃대에 꽃자루가 거의 없는 꽃이 이삭처럼 달린 모양

칡

개여뀌

개질경이

오이풀

잎겨드랑이(엽액): 줄기와 잎자루 사이. 겨울눈이나 새로운 가지, 꽃이 달리는 자리이다.

양버즘나무

작살나무

두릅나무

감나무

잎자국(엽흔): 잎자루가 떨어지면서 줄기(가지)에 생기는 흔적. 생김새가 다양하다. 목걸이처럼 생긴 두릅나무 잎자국 안에 있는 방울 모양은 물관과 체관이 합쳐져 만들어진 관다발 자국이다.

가중나무

개옻나무

붉나무

두릅나무

잎자루(엽병): 잎몸과 줄기(가지)를 이어 주는 대. 보통 잎이 질 때 함께 떨어지며, 밑동 흔적이 줄기(가지)에 남는다. 겹잎에서는 작은 잎 전체가 붙은 잎자루를 큰잎자루(총엽병), 작은 잎 하나하나가 붙은 잎자루를 작은잎자루(소엽병)라고 한다.

 왕벚나무
 흰말채나무
 조록싸리
 양버즘나무

작은키나무(관목): 기둥줄기가 없고, 밑에서 줄기 여러 개가 올라와 무더기를 이루며, 키가 2~3m로 자라는 나무. 큰키나무도 어릴 때는 키가 작기 때문에 기둥줄기가 있는지 없는지로 둘을 구별할 수 있다.

 조팝나무
 진달래
 개나리
 순비기나무

줄기가시(경침): 줄기에서 뻗은 가지가 변한 가시. 줄기 일부이기 때문에 단단해서 잘 떨어지지 않는다.

 산사나무
 구기자나무
 보리수나무
 피라칸다

중성꽃: 암술과 수술 등 생식에 관여하는 부분이 없거나 퇴화해 씨앗을 만들지 못하는 꽃

 나무수국
 백당나무
 수국
 수국백당나무

짧은가지(단지): 마디사이가 매우 짧아서 돌기처럼 보이는 가지. 겉씨식물의 주요 특징 중 하나이지만, 배나무처럼 일부 속씨식물에서도 볼 수 있다. 짧은가지가 있는 나무는 끝눈자국 사이의 길이가 짧기 때문에 고리를 켜켜이 쌓아 놓은 것처럼 보이며, 이는 여러 해 동안 자라며 생긴 모습이다.

 은행나무
 개잎갈나무
 배나무
 일본잎갈나무

큰키나무(교목): 기둥줄기가 있어서 크게 자라는 나무. 키가 3~7m이면 중간키나무(소교목), 8m 이상 자라면 큰키나무(교목)로 나눈다.

 측백나무
 소나무
 버드나무
 미루나무

턱잎(탁엽): 잎자루 밑동에 붙은 조직 한 쌍. 때때로 턱잎이 가시로 변하기도 하며, 이때는 턱잎가시(탁엽침)라고 한다. 턱잎이 한 쌍을 이루기 때문에 턱잎가시도 항상 마디에 2개씩 달린다. 턱잎은 보통 일찍 떨어지기 때문에 모든 식물에서 볼 수 있지는 않다.

 해당화
 왕벚나무
 골담초 턱잎가시
 아까시나무 턱잎가시

통꽃(합판화): 낱낱의 꽃잎이 서로 붙어 하나를 이루는 꽃

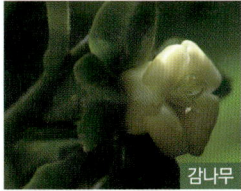 감나무
 개나리
 순비기나무
 진달래

헛씨껍질(가종피): 밑씨가 씨방에 붙은 자리나 밑씨자루가 부풀어 올라 씨앗을 감싸는 껍질. 따라서 실제 씨앗은 헛씨껍질 속에 들어 있다. 주목처럼 헛씨껍질이 다육질인 것은 '육질종의'라고도 한다.

 주목
 노박덩굴
 사철나무
 화살나무

홑잎(단엽): 잎자루에 잎몸(엽신)이 하나만 달린 잎. 잎몸은 잎의 몸으로, 깊게 갈라지기도 하지만 완전히 갈라져 작은 잎자루가 생기지 않는다면 모두 홑잎이 된다.

 신갈나무
 개암나무
 생강나무
 대왕참나무

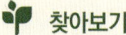 찾아보기

국명

가시칠엽수	168	메타세쿼이아	028	상수리나무	048
갈참나무	052	명자꽃	088	새머루	184
감나무	210	모감주나무	166	생강나무	072
개나리	220	모과나무	126	서양수수꽃다리	224
개머루	180	모란	082	서양측백	022
개암나무	044	목련	068	소나무	010
개옻나무	160	무궁화	188	수양버들	036
갯버들	034	물박달나무	040	순비기나무	230
고욤나무	212	물오리나무	038	스트로브잣나무	018
골담초	138	미국능소화	236	신갈나무	058
곰솔	012	박태기나무	140	신나무	164
구기자나무	232	밤나무	046	싸리	144
국수나무	132	배나무	112	아까시나무	150
굴참나무	050	배롱나무	192	앵도나무	110
꽃사과나무	094	백당나무	240	양버즘나무	086
낙우송	028	백목련	068	왕머루	182
노간주나무	026	백합나무	066	왕벚나무	108
노박덩굴	170	버드나무	036	외대으아리	076
누리장나무	228	벚나무	106	으름덩굴	080
느티나무	060	병꽃나무	244	으아리	076
능소화	236	보리수나무	190	은사시나무	032
단풍나무	162	복사나무	102	은행나무	008
담쟁이덩굴	186	붉나무	158	음나무	202
대추나무	178	붉은병꽃나무	242	이팝나무	218
덩굴장미	116	뽕나무	062	인동덩굴	238
동백나무	084	사과나무	096	일본목련	070
두릅나무	200	사위질빵	074	자귀나무	134
등	154	사철나무	174	자목련	068
땅비싸리	142	산딸기	120	자작나무	042
때죽나무	214	산딸나무	196	작살나무	226
떡갈나무	056	산뽕나무	064	잔털벚나무	104
라일락	224	산사나무	090	잣나무	016
리기다소나무	014	산수유	198	장미	116
마로니에	168	산철쭉	208	조록싸리	146
매실나무	100	산초나무	156	조팝나무	130
멍석딸기	122	살구나무	098	족제비싸리	136

졸참나무	054	참싸리	144	팥배나무	128
좀작살나무	226	참오동나무	234	편백	020
주목	030	철쭉	206	해당화	118
죽단화	092	청가시덩굴	248	향나무	024
줄딸기	124	청미래덩굴	246	화백	020
중국단풍	164	측백나무	022	화살나무	172
쥐똥나무	222	칠엽수	168	황매화	092
진달래	204	칡	148	회양목	176
쪽동백나무	216	큰꽃으아리	078	회화나무	152
찔레꽃	114	튤립나무	066	흰말채나무	194

학명

Acer buergerianum	164	Chionanthus retusus	218
Acer palmatum	162	Clematis apiifolia	074
Acer tataricum subsp. ginnala	164	Clematis brachyura	076
Aesculus hippocastanum	168	Clematis patens	078
Aesculus turbinata	168	Clematis terniflora var. mandshurica	076
Akebia quinata	080	Clerodendrum trichotomum	228
Albizia julibrissin	134	Cornus alba	194
Alnus incana subsp. hirsuta	038	Cornus kousa	196
Amorpha fruticosa	136	Cornus officinalis	198
Ampelopsis glandulosa var. brevipedunculata	180	Corylus heterophylla	044
Aralia elata	200	Crataegus pinnatifida	090
Aria alnifolia	128	Diospyros kaki	210
Betula davurica	040	Diospyros lotus	212
Betula pendula	042	Elaeagnus umbellata	190
Buxus sinica var. insularis	176	Euonymus alatus	172
Callicarpa dichotoma	226	Euonymus japonicus	174
Callicarpa japonica	226	Forsythia koreana	220
Camellia japonica	084	Ginkgo biloba	008
Campsis grandiflora	236	Hibiscus syriacus	188
Campsis radicans	236	Indigofera kirilowii	142
Caragana sinica	138	Juniperus chinensis	024
Castanea crenata	046	Juniperus rigida	026
Celastrus orbiculatus	170	Kalopanax septemlobus	202
Cercis chinensis	140	Kerria japonica	092
Chaenomeles speciosa	088	Koelreuteria paniculata	166
Chamaecyparis obtusa	020	Lagerstroemia indica	192
Chamaecyparis pisifera	020	Lespedeza bicolor	144

Lespedeza cyrtobotrya	144	Quercus mongolica	058
Lespedeza maximowiczii	146	Quercus serrata	054
Ligustrum obtusifolium	222	Quercus variabilis	050
Lindera obtusiloba	072	Rhododendron mucronulatum	204
Liriodendron tulipifera	066	Rhododendron schlippenbachii	206
Lonicera japonica	238	Rhododendron yedoense f. poukhanense	208
Lycium chinense	232	Rhus chinensis	158
Magnolia denudata	068	Robinia pseudoacacia	150
Magnolia kobus	068	Rosa multiflora	114
Magnolia liliiflora	068	Rosa multiflora Thunb. var. platyphylla	116
Magnolia obovata	070	Rosa rugosa	118
Malus floribunda	094	Rubus crataegifolius	120
Malus pumila	096	Rubus parvifolius	122
Metasequoia glyptostroboides	028	Rubus pungens	124
Morus alba	062	Salix babylonica	036
Morus bombycis	064	Salix gracilistyla	034
Paeonia × suffruticosa	082	Salix pierotii	036
Parthenocissus tricuspidata	186	Smilax china	246
Paulownia tomentosa	234	Smilax sieboldii	248
Pinus densiflora	010	Spiraea prunifolia f. simpliciflora	130
Pinus koraiensis	016	Stephanandra incisa	132
Pinus rigida	014	Styphnolobium japonicum	152
Pinus strobus	018	Styrax japonicus	214
Pinus thunbergii	012	Styrax obassis	216
Platanus occidentalis	086	Syringa vulgaris	224
Platycladus orientalis	022	Taxodium distichum	028
Populus × tomentiglandulosa	032	Taxus cuspidata	030
Prunus × yedoensis	108	Thuja occidentalis	022
Prunus armeniaca	098	Toxicodendron trichocarpum	160
Prunus mume	100	Viburnum opulus var. calvescens	240
Prunus persica	102	Vitex rotundifolia	230
Prunus serrulata	106	Vitis amurensis	182
Prunus serrulata var. pubescens	104	Vitis flexuosa	184
Prunus tomentosa	110	Weigela florida	242
Pseudocydonia sinensis	126	Weigela subsessilis	244
Pueraria lobata	148	Wisteria floribunda	154
Pyrus pyrifolia var. culta	112	Zanthoxylum schinifolium	156
Quercus acutissima	048	Zelkova serrata	060
Quercus aliena	052	Ziziphus jujuba var. inermis	178
Quercus dentata	056